文史哲詩叢

陳福成著

春秋詩選

文史哲出版社印行

國家圖書館出版品預行編目資料

春秋詩選 / 陳福成著. --初版.-- 臺北市：文史哲，民 98.02

頁： 公分. --（文史哲詩叢；85）

ISBN 978-957-549-836-8 (平裝)

851.486 98002415

文 史 哲 詩 叢 85

春 秋 詩 選

著　者：陳　福　成

出版者：文　史　哲　出　版　社

http://www.lapen.com.tw

e-mail：lapen@ms74.hinet.net

記證字號：行政院新聞局版臺業字五三三七號

發行人：彭　正　雄

發行所：文　史　哲　出　版　社

印刷者：文　史　哲　出　版　社

臺北市羅斯福路一段七十二巷四號

郵政劃撥帳號：一六一八〇一七五

電話886-2-23511028 · 傳真886-2-23965656

實價新臺幣四二〇元

中華民國九十八年（2009）二月初版

ISBN 978-957-549-836-8 08885

序一：「春秋正義」釋意

這本「春秋詩選」是一本現代詩選集，但非一般現代詩集，而是一本以「春秋正義」為核心思想與價值的現代詩選集。何謂「春秋正義」？略釋要意。

「春秋」是指我國春秋時代各國國史的通名，也是魯國國史的專名。現有的春秋記述內容，從魯隱公元年（西元前七二二）起，到魯哀公十四（西元前四八一），共計十二代君主，二百四十二年。春秋的作者是孔子，歷史上為春秋作傳的很多，今傳有左傳、公羊傳和穀梁傳，簡述之。

「左傳」，另名「左氏春秋」，作者左丘明，約成於戰國初年。左傳記載春秋時代各國史事甚詳，強調民本思想和禮義，堅定認為國家領導人的一切思維，均要源自「民本」，人民才是國家之本。

「公羊傳」，儒家口耳相傳的解經之作，到漢景帝時才由公羊家族寫成定書，公羊傳闡揚孔子春秋的大義意涵，在大一統、仁政、反侵略思想，尤其在區別「中國」與「非中國」有明確釋意，是儒家政治思想的寶庫。

「穀梁傳」相傳是子夏的弟子、魯人穀梁淑所作。與前二傳相比，穀梁傳更好言褒貶，對當時從政之人有賢、善、美、惡、譏、刺、卑、微之批判，尤其批判貪腐甚力，更闡揚孔子「正名」思想，均屬「春秋之義」。

綜合春秋三傳之「春秋正義」內涵，包括大一統、民本、仁政、正名、反侵略、反貪腐及「中國和非中國之別」等思想，事實上，這些價值孔子在世時，常於各種講經說法、教學、言談提到，經幾千年發展，已成中國社會一般人民及政治人物治國的核心思想。凡是違背這些思想價值，其政權和統治者都很難被人民接受，通常這些政權都存在不久（如地方割據等），不是垮台，便是回頭擁抱「正確」的春秋正義價值。故曰：「孔子成春秋而亂臣賊子懼」，歷代史官乃本春秋大義標準，證述並批判當時國事。是故，「春秋正義」在我國歷史上，也稱「千年憲法」。

中國歷史上各朝代之被終結或垮台，皆因統治階層違背了「千年憲法」的精神思想，因而被人民推翻了。但有些政權及時醒悟流失「春秋正義」的後果，急忙回頭，回到合乎春秋之義的軌道上，得以「存活」，並開創更輝煌的局面。元初、清初及毛澤東時代的「文化大革命」，都大搞「去中國化」，發現路走不下去（硬走下去便是滅亡），便回頭大搞「中國化」，以「取悅」人民，換取政權的「存活」。

台獨執政那八年，是「典型」的違反春秋正義，違反中國「千年憲法」，台獨思想是地方割據的異形，陳水扁家族洗錢案及獨派政客貪污案一一曝光，都是一種「證明」。證明甚麼？

證明分離主義、地方割據思想的「暫時性」，維持不久的政權，既不久要垮台，有權力的人便能吃盡量吃，能撈盡量撈，撈飽了走人。

這本詩集之所以「非一般現代詩集」，乃在絕大多數的詩本於「春秋正義」之論述，對「異形」展開批判攻勢，揭發其黑暗腐敗之本質，而不在意詩的美麗與否。於此之相對面，便是對中華文化，對中國的統一完整性、對千秋萬世的炎黃子民，是一種維護鞏固，表達一種捍衛的決心，必使春秋正義得以彰顯。

當然，萬事萬物都是相對的，要「擁抱上帝」，必「得罪魔鬼」。如馬英九（代表統派）要推三通，便要陳雲林來，獨派激進者（大多是盲從者）便抗議；要辦陳水扁，一群獨魔便會反撲，會有一些些動亂，這是「必要成本」。

即使這一點「成本」，還是有很多人覺得成本太高。

但，那有甚麼關係呢？當長江黃河巨浪衝來，濁水溪或愛河邊那一點微風細雨都是小泡沫，山都擋不住的。中國歷史進行曲有一定的譜調，春秋正義在，邪不勝正。未來台灣的統派要和大陸執政者，人民緊緊連結在一起，目的是宏揚中華文化，高舉春秋正義、仁政、民本，正名的大旗，統一便是很自然的得到全民支持而如水到渠成，也很自然的終結掉台獨。就算有極少死硬派反抗，惟大勢所趨，小泡沫起不了作用。

啊！孔子，有你便有中國

無你，中國在那裡？

二〇〇八年十一月十一日。台北

序二：馬英九的魄力、智慧和歷史地位

春秋正義價值史觀之彰顯

馬英九就職總統已半年多，各界褒貶聲音很多，平實而論，家不可能半年就全部「翻紅盤」，且褒貶之聲大多在「枝枝節節」上打轉，未切中「要害」。

國家領導人之大任，在如何把持國家的「大政方針」，向正確之方向前進；而不在某立委說錯話，某縣市長不聽話，吾人以為，中國古來的政權領導人（含分裂時代各地方政權領導人，不論稱王稱帝或叫「總統」。），其魄力、智慧和歷史地位的唯一評量標準，便是對「春秋正義價值史觀」的堅持與不斷的力行實踐，直到真生命結束。所以，「馬路」還長的很，惟以本書出版之良機再贅數言，啓時黎民百姓心智，並解眾惑。

從這半年檢驗，馬英九的魄力和智慧展現在辦扁家族貪污案，及「大三通」的實現。很多人罵馬英九無能懦弱等，若真如此，扁案就辦不下去，三通亦無望，同文同種的炎黃子民仍在對立。

有人又會天真的說，司法獨立辦案，又不是馬英九辦案，這是「政治白痴」的天真想法。像扁家這種動搖本及社會根本的大案，絕對要國家領導人的「意志支持」，才辦的下去，此昨「下指導棋」，而是對司法獨立的支持，以確保廉能價值（即春秋正義價值的一部份）。眼前亦有「鐵證如山」可以詮釋之，即陳水扁在位時，整個扁家族及滿朝貪官，司法單位為何都辦不下去？必待馬英九就職後，才開始辦「前朝」官員，才把竊國竊位的大貪污者陳水扁「壓」起來！這表示所謂「司法獨立」是有限制的，也有時空關係的，更須要國家領導人堅定的「意志支持」。

但馬英九最終極的歷史定位（或地位），並不能止於辦陳水扁，而在他的「終統論」之實現。若他只用嘴巴說說，沒有在「操作面」逐一實踐，小馬終究僅是「地方割據者」，在中國歷史上的定位可能很負面，頂多是清廉者，而對國家統一沒有貢獻。因為，春秋大義價值史觀不是光用嘴巴說的，說而不做是「政治語言」，言行合一才合春秋之義。

所幸，小馬已經親自啓動終統的「機制」，此便是大三通，這個機制一但啓動，便是加速其不可逆的統一進程，最後導至中國統一，他所說「在職期間不與中共談統一」，再清楚不過是「政治語言」，他至今確實沒談過統一，但有關統一的各個變項，已一一被解決「攻破」，使統一更為有利，這是小馬的智慧和魄力，再過幾天「團團圓圓」也要來了，大快人心啊！

馬英九的春秋大義歷史地位，我這支「史筆」就先記一筆了，我肯定他對國家統必將有更大貢獻。萬盛山莊主人陳福成二〇〇八年冬草於中國台北。

序詩：是你讓兩岸分不開

你一出生就拆了台獨的野台戲
並在兩岸架起一座橋
以及向上銜接
堯舜禹湯文武周公孔子韓愈孔德成
向下與四海包容當代中華子民

你一開始就以三千四百公克
撐起中華一貫道統
撐起兩岸一片藍天
制壓篡竊偷盜、分離主義及邪魔歪道

那些毒草與篡竊者一聽到你老老老……
老爸「孔子成春秋而亂臣賊子懼」
就嚇的皮皮剉
啊！中國
你才得以一統江山　千秋萬世

附記：孔子第八十代嫡長孫孔佑仁，於今年（丙戌）元旦在台大醫院誕生，出生時體三千四百克，他的世襲官位是「大成至聖先師奉祀官」，主要任務是祭祀孔子，以傳承和維護中華文化，他也是中國一貫道統的象徵。這個二千多年不斷的道統，是全世界的唯一，西方亦有聖人，惟無道統，其子孫今安在？

孔子的第十代孫孔忠，生於漢文帝時；二十代孫孔完，生於漢靈帝建寧二年（西元一六九年）；三十代孫孔渠，生於北齊文宣帝天保元年（五五〇年）；四十代孫孔振，生於唐懿宗咸通四年（八六三年）；五十代孫孔拯，生於金熙宗皇統二年（一一四二年）；六十代孫孔承慶，生於明成祖年間；七十代孫孔廣棨，生於清雍正九年（一七三一年）；八十代孫孔佑仁於今（二〇〇六年）誕生，他是我國世襲的特任官，官職全銜是「第八十代大成至聖先師奉祀官」，他雖小，意義格外重大。從一個最高層次，最深層宏觀來看這個「萬世一系」的生命延續，象徵著中國儒家思想和中華文化的正統性，中國歷史所謂「正統」和「道統」由此而來，合於「規格」的政權才能叫合法的政府。所以，台獨派政權之所以走不下去，「去中國化」和「分離主義政權」之所以走入死路，便是違反了此一中華文化傳承的「基本規格」。

目前台灣藍綠兩陣營正在對峙中，綠營人馬所要對付的不止是藍營，實際上是對上了中國一貫道統，在中國歷史上，面對一貫道統，分離主義政權贏的機會是零。孔佑仁現在雖小，卻是篡竊分離偷盜者的「天敵」。（於二〇〇六年六月台北）

春秋詩選　目錄

第三輯　春秋，綠色異形

第四輯　春秋：癌症叢林

第五輯　天命，我來寫春秋

附錄

南湖群山

玉山日出

張家界

馬祖高登

海南椰風海韵

海南南山文化園區

海南南天一柱

海南三亞市

江西婺源·汪口桃香村頭

江西婺源·虹關村段華湖

江西滕王閣

江西三清山・懸空棧道

天壇皇穹宇

盧溝橋上的駱駝隊（約清末）

鳳山陸軍官校一景（約民 60 年左右）

金門海印寺（約民 60 年左右）

滕王閣內臨川夢圖：湯顯祖的夢

九江煙水亭

北京八達嶺長城

濟南明湖北極閣

序一：「春秋正義」釋意

這本「春秋詩選」是一本現代詩選集，但非一般現代詩集，而是一本以「春秋正義」為核心思想與價值的現代詩選集。何謂「春秋正義」？略釋要意。

「春秋」是指我國春秋時代各國國史的通名，也是魯國國史的專名。現有的春秋記述內容，從魯隱公元年（西元前七二二）起，到魯哀公十四（西元前四八一），共計十二代君主，二百四十二年。春秋的作者是孔子，歷史上為春秋作傳的很多，今傳有左傳、公羊傳和穀梁傳，簡述之。

「左傳」，另名「左氏春秋」，作者左丘明，約成於戰國初年。左傳記載春秋時代各國史事甚詳，強調民本思想和禮義，堅定認為國家領導人的一切思維，均要源自「民本」，人民才是國家之本。

「公羊傳」，儒家口耳相傳的解經之作，到漢景帝時才由公羊家族寫成定書，公羊傳闡揚孔子春秋的大義意涵，在大一統、仁政、反侵略思想，尤其在區別「中國」與「非中國」有明確釋意，是儒家政治思想的寶庫。

「穀粱傳」相傳是子夏的弟子、魯人穀粱淑所作。與前二傳相比，穀粱傳更好言褒貶，對當時從政之人有賢、善、美、惡、譏、刺、卑、微之批判，尤其批判貪腐甚力，更闡揚孔子「正名」思想，均屬「春秋之義」。

綜合春秋三傳之「春秋正義」內涵，包括大一統、民本、仁政、正名、反侵略、反貪腐及「中國和非中國之別」等思想，事實上，這些價值孔子在世時，常於各種講經說法、教學、言談提到，經幾千年發展，已成中國社會一般人民及政治人物治國的核心思想·凡是違背這些思想價值，其政權和統治者都很難被人民接受，通常這些政權都存在不久（如地方割據等），不是垮台，便是回頭擁抱「正確」的春秋正義價值。故曰：「孔子成春秋而亂臣賊子懼」，歷代史官乃本春秋大義標準，證述並批判當時國事。是故，「春秋正義」在我國歷史上，也稱「千年憲法」。

中國歷史上各朝代之被終結或垮台，皆因統治階層違背了「千年憲法」的精神思想，因而被人民推翻了。但有些政權及時醒悟流失「春秋正義」的後果，急忙回頭，回到合乎春秋之義的軌道上，得以「存活」，並開創更輝煌的局面。元初、清初及毛澤東時代的「文化大革命」，都大搞「去中國化」，發現路走不下去（硬走下去便是滅亡），便回頭大搞「中國化」，以「取悅」人民，換取政權的「存活」。

台獨執政那八年，是「典型」的違反春秋正義，違反中國「千年憲法」，台獨思想是地方割據的異形，陳水扁家族洗錢案及獨派政客貪污案一一曝光，都是一種「證明」。證明甚麼？

證明分離主義、地方割據思想的「暫時性」，維持不久的政權，既不久要垮台，有權力的人便能吃盡量吃，能撈盡量撈，撈飽了走人。

這本詩集之所以「非一般現代詩集」，乃在絕大多數的詩本於「春秋正義」之論述，對「異形」展開批判攻勢，揭發其黑暗腐敗之本質，而不在意詩的美麗與否。於此之相對面，便是對中華文化，對中國的統一完整性、對千秋萬世的炎黃子民，是一種維護鞏固，表達一種捍衛的決心，必使春秋正義得以彰顯。

當然，萬事萬物都是相對的，要「擁抱上帝」，必「得罪魔鬼」。如馬英九（代表統派）要推三通，便要陳雲林來，獨派激進者（大多是盲從者）便抗議；要辦陳水扁，一群獨魔便會反撲，會有一些些動亂，這是「必要成本」。

即使這一點「成本」，還是有很多人覺得成本太高。

但，那有甚麼關係呢？當長江黃河巨浪衝來，濁水溪或愛河邊那一點微風細雨都是小泡沫，山都擋不住的。中國歷史進行曲有一定的譜調，春秋正義在，邪不勝正。未來台灣的統派要和大陸執政者，人民緊緊連結在一起，目的是宏揚中華文化，高舉春秋正義、仁政、民本，正名的大旗，統一便是很自然的得到全民支持而如水到渠成，也很自然的終結掉台獨。就算有極少死硬派反抗，惟大勢所趨，小泡沫起不了作用。

啊！孔子，有你便有中國

無你，中國在那裡？

二〇〇八年十一月十一日。台北

序二：馬英九的魄力、智慧和歷史地位

春秋正義價値史觀之彰顯

馬英九就職總統已半年多，各界褒貶聲音很多，平實而論，家不可能半年就全部「翻紅盤」，且褒貶之聲大多在「枝枝節節」上打轉，未切中「要害」。

國家領導人之大任，在如何把持國家的「大政方針」，向正確之方向前進；而不在某立委說錯話，某縣市長不聽話，吾人以為，中國古來的政權領導人（含分裂時代各地方政權領導人，不論稱王稱帝或叫「總統」。），其魄力、智慧和歷史地位的唯一評量標準，便是對「春秋正義價値史觀」的堅持與不斷的力行實踐，直到真生命結束。所以，「馬路」還長的很，惟以本書出版之良機再贅數言，啓時黎民百姓心智，並解眾惑。

從這半年檢驗，馬英九的魄力和智慧展現在辦扁家族貪污案，及「大三通」的實現。很多人罵馬英九無能懦弱等，若真如此，扁案就辦不下去，三通亦無望，同文同種的炎黃子民仍在對立。

有人又會天真的說，司法獨立辦案，又不是馬英九辦案，這是「政治白痴」的天真想法。像扁家這種動搖本及社會根本的大案，絕對要國家領導人的「意志支持」，才辦的下去，此昨「下指導棋」，而是對司法獨立的支持，以確保廉能價值（即春秋正義價值的一部份）。眼前亦有「鐵證如山」可以詮釋之，即陳水扁在位時，整個扁家族及滿朝貪官，司法單位為何都辦不下去？必待馬英九就職後，才開始辦「前朝」官員，才把竊國竊位的大貪污者陳水扁「壓」起來！這表示所謂「司法獨立」是有限制的，也有時空關係的，更須要國家領導人堅定的「意志支持」。

但馬英九最終極的歷史定位（或地位），並不能止於辦陳水扁，而在他的「終統論」之實現。若他只用嘴巴說說，沒有在「操作面」逐一實踐，小馬終究僅是「地方割據者」，在中國歷史上的定位可能很負面，頂多是清廉者，而對國家統一沒有貢獻。因為，春秋大義價值史觀不是光用嘴巴說的，說而不做是「政治語言」，言行合一才合春秋之義。

所幸，小馬已經親自啓動終統的「機制」，此便是大三通，這個機制一但啓動，便是加速其不可逆的統一進程，最後導至中國統一，他所說「在職期間不與中共談統一」，再清楚不過是「政治語言」，他至今確實沒談過統一，但有關統一的各個變項，已一一被解決「攻破」，使統一更為有利，這是小馬的智慧和魄力，再過幾天「團團圓圓」也要來了，大快人心啊！

馬英九的春秋大義歷史地位，我這支「史筆」就先記一筆了，我肯定他對國家統必將有更大貢獻。萬盛山莊主人陳福成二〇〇八年冬草於中國台北。

序詩：是你讓兩岸分不開

你一出生就拆了台獨的野台戲
並在兩岸架起一座橋
以及向上銜接
堯舜禹湯文武周公孔子韓愈孔德成
向下與四海包容當代中華子民

你一開始就以三千四百公克
撐起中華一貫道統
撐起兩岸一片藍天
制壓篡竊偷盜、分離主義及邪魔歪道

那些毒草與篡竊者一聽到你老老老……
老爸「孔子成春秋而亂臣賊子懼」
就嚇的皮皮剉
啊！中國
你才得以一統江山　千秋萬世

附記：孔子第八十代嫡長孫孔佑仁，於今年（丙戌）元旦在台大醫院誕生，出生時體三千四百克，他的世襲官位是「大成至聖先師奉祀官」，主要任務是祭祀孔子，以傳承和維護中華文化，他也是中國一貫道統的象徵。這個二千多年不斷的道統，是全世界的唯一，西方亦有聖人，惟無道統，其子孫今安在？

孔子的第十代孫孔忠，生於漢文帝時；二十代孫孔完，生於漢靈帝建寧二年（西元一六九年）；三十代孫孔渠，生於北齊文宣帝天保元年（五五〇年）；四十代孫孔振，生於唐懿宗咸通四年（八六三年）；五十代孫孔拯，生於金熙宗皇統二年（一一四二年）；六十代孫孔承慶，生於明成祖年間；七十代孫孔廣棨，生於清雍正九年（一七三一年）；八十代孫孔佑仁於今（二〇〇六年）誕生，他是我國世襲的特任官，官職全銜是「第八十代大成至聖先師奉祀官」，他雖小，意義格外重大。從一個最高層次，最深層宏觀來看這個「萬世一系」的生命延續，象徵著中國儒家思想和中華文化的正統性，中國歷史所謂「正統」和「道統」由此而來，合於「規格」的政權才能叫合法的政府。所以，台獨派政權之所以走不下去，「去中國化」和「分離主義政權」之所以走入死路，便是違反了此一中華文化傳承的「基本規格」。

目前台灣藍綠兩陣營正在對峙中，綠營人馬所要對付的不止是藍營，實際上是對上了中國一貫道統，在中國歷史上，面對一貫道統，分離主義政權贏的機會是零。孔佑仁現在雖小，卻是篡竊分離偷盜者的「天敵」。（於二〇〇六年六月台北）

春秋詩選 目錄

第二輯　這時，春秋不在

第三輯　春秋，綠色異形

第四輯　春秋：癌症叢林

第五輯 天命，我來寫春秋

附錄

第一輯

那時，我們做著春秋夢

夢土

我見過最美的天堂
在我眼前的一朵花中

我走過最偉大的世界
在我腳下一粒沙內

可是，尋遍一千一百萬平方公里
找不到中國

中國啊！你是一隻高飛的紙鳶
那條線要把你牽往何方？

後記：民國六十八年作。啊！中國，你五千年歲了吧！活了這麼長的年紀，可曾迷失過？也許你死鴨子嘴硬，說：這五千年來不是活的好好的嗎？但我知道，你迷失過，在元朝初年，在清代初業……最嚴重的是民國的老毛那幫人，搞起「批孔揚秦」，硬要把中華文化全丟到「矛坑」中。

經常，我們在找，中國你在哪裡？

那一千一百萬平方公里的夢土在哪裡？

島

微風說起他童年的故事
一排頑皮的樹都哈哈大笑
若得小島唱山歌
山坡上的小草學著村姑的秀髮飄動
陣地旁的士兵鐮刀整修他的散兵坑
春天呵
在我新陳代謝的旺季裏
不要慢了腳步
當鐵扇公主在我上面煽起大火
還得忍受海水燜燉

老樹也要發昏
村落的雞和狗躲起來打盹
祇有打野外的士兵在我身上翻滾
夏天呵
有種把太陽也請下來
這裏是決戰的沙場

野菊為我披一件高貴的金黃
夕陽忍不住要摹倣
那天邊歸鷹
翱翔的雙翅是我楓葉的箋
此外是戰士荷槍無語對晚風
秋天呵
山後煙囪挺立
把天空潑成一幅畫

漁夫在大海裏佈下陷阱
騙得黃魚螃蟹走錯地方
強風天天打我鬍子的歪主意
雨水常常把我泡的感冒傷風
哨兵更在濃霧中提心吊膽
冬天呵
能夠一年四季永不動搖的
就是我

（原載民國七十三年六月，《藍星詩刊》，第七十三期）

島之夜

一座被世人遺忘的
古戰場，沈睡——沈睡
那鼾聲一陣陣……
如敵情

黑夜中的大海是一個很難對付的頑敵
而島是一位冷靜的老叟
善用的兵法是
以靜制動
以慢制快
忽然，刷的一聲，劍花如雨

老叟穩重如前
大海暫時退下——重新調整部屬與隊伍

這一回，大海發動人海攻勢，猛撲上來
島以逸待勞，在黑夜中苦戰
當東方出現魚肚白
那老者愈戰愈勇，千鈞一髮之際——
大海有了敗退的徵候
將軍發動總反攻
祇見兵敗如山倒
退，退，退——

在堅強的堡壘之下
再大的海，那有不退之理

（原載民國七十三年三月，《藍星詩刊》，第七十一期）

外島思情

我是地上放牛的頑童
妳是藍空下的小鳥
總想——妳可能會飛到我懷裏！
我是藍夜裏數星星的孩子
妳是亮空中的小星星
總想——妳可能會掉下來。
我是大海
妳是海中小島
思念，擁抱——永恆。

島之黃昏
島之朝陽
島之午夜
望穿，望穿那遙遠的海
望穿，望穿那碧綠的天

（民國六十七年十一月二十八日作，原截民國七十一年九月，《自由青年》月刊）

軍人

領導潮流的抽象畫家
舉行個展時
祇來了他妻子
走完第五個五百公里之後
果然發現布萊德雷所說的孤獨是一種（註一）
奇異的享受

他要建造一座金字塔
一層層向上爬
雲兒笑他傻
飛鳥笑他癡

祇有戰場上的頑敵纔知道
勝利是他的歸鄉

他已成一座雄偉的作品
有勇敢純潔的氣質
有永不低頭的架勢
任誰也休想動搖這位時代標兵

神機妙算的地理學家
沈醉在「敵我天地水」（註二）
用二十年步履
研究一千座荒山
如果你問他是命是運
他說祖父開始就是軍人世家

註一：布萊德雷，是美國一位五星上、他曾說：「軍人是一種最孤獨的行業。」

註二：「敵我天地水」，是軍事作戰前要考慮的五種因素。也就是敵軍、我軍、天候、地形、水系等五種現況之研究。

夜間查哨

提著一個
腦袋，搜尋上門的客户
我在黑夜中拼市場佔有率
那個有種
亮出最拿手的兵器
來提貨
今夜以公平決戰做
匯兑換算的標準

（民六十七年，馬祖高登）

生死之間

在戰場上
生，是槍射出霎那的滿足
死，是已飛出的子彈
咻——的
一聲
去了

（民七十二年，馬祖高登）

無奈

天，蒼蒼茫茫，為何不語！
島，紮紮實實，決不後退！
山，鬱鬱綠綠，就是笑不出來！
人，營營攘攘，都不可愛

這世界，不是紅的，就是藍的
不是你的，就是我的
不是死的，就是活的
不是敵人，就是同志
不是夏天，就是冬天
天啊！春秋何在？

為何不語？

（民七十九年，小金門）

老兵自傳

三十年
多漫長的歲月
在這個家一住，就是
三十年。

從江南、江北、金門、馬祖
何止八千里腳程。
現在還硬得很呢！

三十年離鄉背井的日子
多少個寂寞想念的夕陽

三十載國仇家恨的死戰
多少個血肉沙場
好一個——
老兵不死。
額頭上的長流更深了
膀臂的傷痕歷歷
是愛
是忠
是榮耀的勳章。
一杯酒
是滿滿的祝福
三十年前，三十年後，已不那麼重要
重要的是
心已盡
力已盡

（原載民國七十二年九月，《自由青年》）

小黑的抗議

小黑提出嚴重的抗議
為甚麼把我當成第十二類補給品（註一）？
還排在「八三一」後面
客氣時叫我土狗
心情不好就叫走狗、瘋狗、老狗或看門狗

我再次向全人類提出抗議
我纔是智者
當夜黑風高的晚上，祇有我知道
敵人和同志的腳步聲不同
水鬼、酒鬼和賭鬼體味有異

人是靠不住的
斥候這行業我是專家

沒有了我
反共長城可能早垮了
「圍堵政策」成敗難料！
今日未必是「後冷戰」！
全人類必須修正對我的看法與對待
（民國六十九年作，民國九十年修訂）

註一：早年兩岸關係緊張，外島兵不足，各據點崗哨養了很多土狗，晚上都能協助站衛兵，有任何風吹草動，狗都先有警覺。再者更多的功用，早年軍隊伙食營養不足，各小島或因交通船補給不上，官兵只得殺狗補充營養。情況緊急時，指揮官甚至下令嚴格管制「狗口」，列入「戰備軍糧」，因此官兵戲稱狗爲「第十二類補給品」。又，現在時代不同了，狗的地位已有提升。在那革命的年代，有許多的狗也和國軍官兵一樣，爲反共大業做出

「犧牲」與貢獻。但歷史忘了他們的功勞。民國六十七到六十九年間，我任職馬祖高登砲兵連長，全連官兵七十餘人，狗的數量常保持近百口。（二〇〇八年春再補注）國軍的補給品正式的只有十類，第十一類只是官兵之間約定成俗，指「八三一女人」而言，第十二類是「狗口」。在那些年代，狗視爲肉類補給品，而「八三一」那些女人，只要官兵買一張票也能「享用」。現在回想，都很不應該，至少他們都要受到尊重，也只能說他們都對春秋大業做出了不起的貢獻。

島上的日子

耳朵太閒了
可以掛起來當風玲
這是三種聲音的世界
鳥聲、浪聲，還有
南風與北風的吵架聲

眼睛也失業了
因為閉著眼睛也知道三種觀點
漲潮、退潮和高潮

需要用心的祇剩下

帶兵、練兵、用兵

（民國六十八年，馬祖高登）

軍旅

旅途，悠悠揚揚
征程，戰戰兢兢
整條路上祇看到一種人，或一個人
風，躡著腳步，伴我
月，悄悄然的，黏著我
情話綿綿

（民國八十一年，在大直三軍大學）

他的堅持

你好狠，用一個世紀
折磨我三代
悲歡離合

你好凱，給我大江南北
流浪我一生
枯木殘軀

中國，你有多大，我就有多少苦痛
煙斗，飄不散滿腹心酸
彈藥，放不完世代怨仇

寂寞是一條老狗的影子

現在，時間啊！
仍在蹂躪我纖弱的身子
試煉和折磨
不能改變我的信仰

河山還沒走完
戰歌還沒唱完
這一身老骨頭還沒送回去
我是絕不能低頭
（民國七十年，馬祖北竿）

老兵心情

所謂老兵
乃戰場上老不死的
放槍如酒令
飲彈應如飲酒

四季都蜷伏在
生與死的邊緣上
步步求生
時時準備死亡的
邊緣人

（民國七十二年，馬祖北竿）

詠高登無名英雄銅像

端槍飛躍的姿勢
已是恆古不滅的力和美
這就是我們常說的
「英雄」
白雲縫成的營帳
大地架成的行軍床
與風雨幻化成天地間的正氣
這就是對英雄獨有的
敬意
整齊步伐是行禮
雄壯歌聲是祈禱

有未完的路，我們接著走
有未成的事，我們接著做
敢迎向狂飆颶暴的
祇有我們這批
死不完的英雄

（原載民國七十二年五月二十六日，《馬祖日報》）

後記：民國六十六年某班長因任務陣亡，官兵為紀念他，以端槍快跑的姿勢塑銅像一座，筆著曾駐高登兩年，與「英雄」有深厚友情，以詩誌之。

千年一歎

童年時，教室後面民族英雄的畫像
驀然走出
歎深埋之悲切
未了
「傷北伐，愁難雪，歸北來，冤難滅」（註一）
臉上掛著竟是千年前未冷的熱淚

驚當年，大鵬所過之處
建康役、平李成、敗曹成、降張用、擒彭友（註二）
說不盡八千里路多豪壯
寫不完那千戴以來

第一名將

「十二金牌風波起，雄圖竟歇」（註三）
壯懷一曲，成仁取義
讓功名空恨歸塵土
換一身清白
留忠節

孤忠之後，源遠流長
「崇修喜彩，忠耀遠賢」
接續是「開昌啓運」（註四）
這千秋百世香火頂盛
那像秦檜那家人（註五）
遺臭萬年

三十九戴「滿江紅」已是千古流不盡

如今痛讀，還是
點點長長沈沈重重的
千年一歎
（民國七十二年，誌岳武穆八百八十誕辰，於馬祖北竿）

註一，註三：這兩句話都是清代趙懷王〈詠岳墓〉詞。
註二：西元一一二九年（建炎三年），岳飛血戰金兵，六戰皆捷，次年逐光復建康。建炎四年，有盜匪李成率部三十萬人作亂，爲岳飛平定。西元一一三二年（紹興二年），巨匪曹成作亂，爲岳飛所敗，逃江西，向宣撫使韓世忠投降。盜匪張用與岳飛同鄉，乘李成之亂寇江西，岳飛以忠義感化，遂不戰而降。紹興三年，岳飛以受命往江西剿匪，兵至虔刑（贛縣）與匪首彭友、李勤天大戰，岳飛麾兵於馬上擒獲彭友，匪衆敗走。
註四：岳氏後裔，由二十六世到三十三世的八代譜號（輩份），乃榮蒙清乾隆皇帝，拜謁岳墓時面賜，爲「崇修喜彩，忠耀遠賢」八字，作爲八代譜號。民國三十七年修譜再訂「開昌啓運」四字，爲第三十四、三十五、三十六、三十七世譜號，目前在南昌岳家已有第三十四世「開」字輩孫。（參考在臺岳氏第三十代岳忠瀛所作〈本人祖系〉一文〉。

註五：害死岳飛的實際有三人，即秦檜、萬俟大、檜妻王氏。明武宗時，浙江指揮李隆以銅鑄三人像，反手相接，跪岳飛墓前。神宗時又查獲罪人張俊，兇手增至四人，時浙江佈政范來乃將四人改用鐵鑄。奸佞之人，應長跪萬年，警中華民族千秋百世忠奸分明。

登李棟山鎮西堡

患了阿茲海默症的
歷史
還有誰記得李棟李將軍
纔不久的那件
戰事

再凶狠的叢林想必也吞沒不了
地理
我還是可以循著古道來考證這裏的蒼茫
馬里科灣泰雅族大戰
倭寇鬼子的

慘烈戰史

站在不遠處的參書古木，可真神，聽說可以和唐太宗平起平坐
在這裏一住就是一千多年
你不就是這段歷史的終極證人？

後記：民國九十年十二月八到九日，與山友登李棟山、鎮西堡（均在新竹鄉尖石鄉）。滿清時代當時馬里科灣一帶（今大漢溪上游三光至秀巒附近），常有山山胞出草殺人，朝廷派李棟將軍鎮守此處高山，後山胞不再殺人，為紀念李棟將軍，乃命山名「李棟山」（標高一千九百一十三公尺）。光緒三十二年（一九〇六年）日軍六百餘人佔領李棟山，與此區泰雅族十七社約兩千餘人大戰，雙方各有傷亡。宣統三年（一九一一年），日軍在李棟山以優勢火砲猛攻各山胞部落，山胞死傷慘重，計山胞抵抗日軍十多年纔告沈寂，是為「李棟山抗日事件」。現有「李棟山莊」，莊主朱萬鶴，其南約十公里有「鎮西堡」，古木參天，是國內熱門的登山景點之一。

金門的鳥兒眞多

金門的鳥兒真多
路上、街上、坑道、碉堡，乃至各級部隊
衹看到各式各樣的鳥兒
金門的鳥兒吃砲聲長大，隨著槍聲舞春風
鳥兒不必入伍，也都當過兵
每天清早，鳥兒先叫值星官起床
值星官再叫兵起床
鳥兒跟著早點名、出操、上課

金門的鳥兒比臺灣的兵見過更多大場面
他們玩過古寧頭大捷、八二三砲戰

鳥兒早已浴戰火成鳳凰
讀過的兵書比將軍多
精研戰術、戰略的結果
戰爭打死過許多人
卻沒有打死幾隻鳥

金門的鳥兒又多又聰明
走路會碰到鳥，做夢會夢到鳥
閉上眼睛也看得到鳥
每天晚間晚點名
鳥兒喊「右」的聲音比士兵堅定嘹喨

金門的鳥兒也讀過聖賢書
查遍參一、參二、政三、政四的所有檔案資料
未見有鳥兒飛過海峽中線

解嚴後，天空有更多鳥聲取代砲聲
金門的鳥兒懂得韜光養晦
他們都知道總有一天在神州天空飛翔
比在這彈丸之地「窩裏反」
爽多了
生活起居都需要更大更闊的天空
神州天空本來就是鳥兒的故鄉

（民國七十九年，在小金門；民國八十三年重修，民國九十一年再修）

後記：三十多年軍旅生涯，我有三次金門，二次馬祖的經驗，外島時間約九年。金馬地區因無污染，空氣清新，樹林農田多，鳥兒特別多，給我很深刻的回憶印象。又，軍隊組織中，「參一」是人事、「參二」管情報、「政三」監察、「政四」保防。

祭老兵文

您——
飄零的星光
踽踽於南國的海濱
獨自踟躕無限個夕陽黃昏
凝視暮色天邊的飛鳥，在期待另一個光輝的朝陽。

踩下最後的足印
您本是沙塵，如今還歸入塵土
海鷗低唱深秋的輓歌——駕白雲飛向遠天。

您——

墜落一顆暗淡的星
沈入荒原，與冷漠的草木同腐
也把對妻兒三十載的期待帶向永恆
現在
把血肉割給您親愛的媽媽
把白骨歸給您親愛的爸爸
把純潔的靈魂奉獻給瑪麗亞
最後，把殘餘的生命獻給國家
飄零的孤獨客啊！不應再寂寞
天國是您底愛的家屋。

您——
樂觀的詫俗者
忘不掉您慈愛的微笑，帶給我內心的溫暖
還有對老戰友的召喚。
您恆古的跫音，飄盪在荒山與城市

世界塑您的成海濱上翱翔的飛鳥
您留給我們是
期待——您終要等到的——我們為您完成
這是甇甇歲月中，些些個自滿與安慰
我站在遠天的海島上，遙祭
我的老前輩，我的朋友，您安息

您——
草原上的牧羊人
草原，花瓣，山丘，化成翡翠般的絢景
流泉，波光，晨露，映出您遠淡高潔的氣質
這一點一滴，這啓示的微笑，這輕步蓮移，都長成您的智慧
與世無爭，獨得許多讚美
柔弱的強者啊！
您是草原上飄動的蘆葦花
您是草原上矗立的遠山。

叫一聲——老伯
您是花花世界的園丁
蘭花的心
百合的身
梅花的思想
都同葬在時間和空間底永恆的天河
獨留芬芳在人間
我的老伯，我的朋友，您安息！您安息！
我們都不再吵您的安眠

走完這漫長的路
賞遍這燈紅酒綠的時代
看盡這非笑非訕的眼睛
不改您原始的潔白與芳香
還是喧嚷人群中的奇葩哩！

這是您生命的寶貴處
留下的不是悲哭，是懷念；
不是腐土，是愛心

走入罪惡的凡座
在污染的泥中洗淨雙手
伸向上帝——阿門！

深秋的蕭瑟後
是微涼的晚風在吹奏您走向天國的進行曲
去領受瑪麗亞的恩寵
跨過海道是妻兒
而跨過星河是莊嚴神聖的堂殿
三十年等不到的
近了，近了
挽妻兒的手，走向上帝，同吃聖餅同飲聖水

後記：這是民國六十八我在馬祖高登當連長時，一個老兵走了，我為他寫的祭文，他是天主教徒。現在有些老兵走了，不僅無人聞問，也無人寫祭文，時代走到這般田地，真是無奈。本文曾獲民國七十五年國內的「銀詩獎座」，作者重註於民國八十七年端午節。

讀一座崇山峻嶺

黃埔四十四期的小老弟碰到十六期的老大哥甚麼感覺？
肅然起敬，站好標準立正姿勢
甩他五百是自然的反應

之後，看老大哥肩上沒掛著幾顆閃亮的星星
也沒幹過總司令或參謀總長之類的
連甚麼兵團司令或軍長也沒混到
一顆心正納悶，不知道老大哥是怎麼混的

嶽峙淵渟，峰巒巍巍
原來這是一座連綿山系，連峰插雲

而我還沒有走到山門呢
等到進門一看，你慢慢讀山吧！
一輩子都讀不完
大長篇、中篇、詩歌、評論、散文、小說……
怪怪，一千五百萬餘言，論量
那麥克阿瑟、巴頓、孫立人、何應欽……
也不過指揮幾十萬人馬
論質，世界各國給他的博士、詩人桂冠、
名人錄多的可以堆成另一座山

「紅塵」、「白雪青山」、「滾滾長江」
「娑婆世界」、「塞外」、「青雲路」……
氣勢磅礴，體系完備
長江黃河、亞馬遜河無一能及
天山、岡底斯山、喜馬拉雅山也有攻頂之日
而要讀完這座山，竟不知何年何月

這是一座空前絕後了不起的大山
足當亞洲文壇的天可汗
就是亞太地區文壇最高統帥也足足有餘
世界文壇之巨擘合乎各國給他的認證
黃埔老大哥，當年老校長　蔣公沒有重用您
天大的失策，也許就沒有現在的兩岸問題

最近老大哥寫了一封信給秋水的涂靜怡說
「這五年內我不會離開台北」
有一座如董狐之巨山
足以鎮壓島上的邪魔歪道
他又說「九十歲以後再遊大陸各地，並再環遊世界一週」
以他的一貫道統，淨灑神州，巡航宇內
用他的詩情畫意給人們當精神糧食
「百歲以前我可能再開筆寫個新長篇」

老大哥用筆的速度比槍快
建構一套比美五嶽的崇山峻嶺
神州兒女再讀千年也不厭倦

後記：今（九十四）年九月十六日下午，中國文藝協會理事長王吉隆（綠蒂）先生，為鍾鼎文先生、墨人先生、孫如陵先生和李效顏先生等四位資深作家，舉辦祝壽慶生會，同時中秋聯歡，我恭逢盛會，因墨人是我黃埔十六期老大哥，雖然不認識，但讀過他的一些作品，對老大哥甚為敬仰，有了這份「革命情誼」，也倍感親切，心有所感，不成詩作，就當慶生餐會的「小菜」。

而對鍾鼎文先生、孫如陵先生和李效顏先生，三位我也不認識，不過知道他們都是文壇先進，像我這種文壇的「邊緣人」，後輩小子，不認識他們應該也是合理，都獻上我深深的祝福。

有各位先進的文以載道，文化會更美燦。

似曾相識，在樓蘭

多麼熟悉的身形和衣裳
那樓蘭姑娘
孤單一人在城外
對荒煙蔓草說故事
說樓蘭的傳奇，一說竟
兩千年了
知道嗎？她便是我

幾千年來，我訴說相同的故事
時間把故事收錄在
大地荒漠

我被煅煉成一個謙卑、溫柔的靈魂
在風中訴說我的傳奇
故事依然淒美豐富
而我 更加消瘦

我不怕寂寞，依然
站在樓蘭街角對著過往
商旅、兵士唱情歌
我相信，會有回應，遲早有人Call我
是我重出江湖，重見天日的機會

（一九九八年在台大聽「樓蘭女子」出土有感
秋水詩刊，一二九期九十五年六月）

山河頌

山把河提起
一倒——
他就萬古流芳

大地的彩筆
劃破叢山峻嶺
劃破寂靜的時空
把時間拉長，向永恆
把空間擴張，向無限
終於把這張五千年的臉劃成多彩的大地
流也流不盡

啊！山河大地
有母親的溫柔
有慢跑者的自強不息
不死的龍
把歷史舞成
一條永恆推動前進的路

小記：民國六十七到六十九年間，駐地在馬祖高登（一個沒水、沒電、沒居民的地方）。天天望著祖國山河，無限感慨，寫成詩的筆記。很久後，公元二〇〇四年，春改寫，名題「山河頌」。

我

人人都有一個我
絕大多數的人不認識我
白天的我不認識晚上的我
家中的我不認識外面的我
到了外頭朋友滿天下，就是不認識我
台面上的我也不了解台面下的我
你看，人海茫茫，眾生云云
我是誰？人、鬼、仙、魔都有可能
我與眾不同，我認識我
我就是歷史，古早古早就有我

否則唐堯虞舜夏商周如何延續到今天
我始終提筆寫史記
無窮的未來還是有我
否則，中國往何處去？

我就在這裡，與歷史同步，與中國同行
我雖兩袖清風，卻滿腹春秋大義
亂臣賊子和篡竊者，聽我、聞我、見我
準會嚇的皮皮剉

註：二〇〇五年十一月，未曾謀面的詩人汪洋萍先生送我兩本他的詩集，「良性互動」和「浮生掠影」，「浮生掠影」封面有「原我」一詩，讀後另有所感，以詩誌之。

第二輯

這時，春秋不在

春秋不在

自從公元二〇〇四年三月十九日的兩顆子彈
台灣發生氣候劇變
長年春秋不在，只剩炎夏寒冬
冷熱溫差過大已不適人居
免強住下去絕大多數生物因
高溫而成為一塊行屍走肉，或因
過度低溫冷凍而終日神智不清

你看！明明是春花秋月的季節
朝庭之上，烽火連天，烽鼓頻催
滿朝文武，偷大位後，焚林而獵

武官獻計，擴大軍備，點燃戰火
文官表態，去中國化，焚書坑儒
烈焰燒漫天
吃肉嗜血的政客一樣被烤的焦頭爛額
大街成人海，洶湧沸騰
而人心苦寒、飄雪
四月雪、五月雪、六月雪、七月雪……

你看！春秋不在，人性顛倒
朝庭之上，到處是走狗蟑螂或鼠輩禿鷹
掌權的禿鷹，結合黑白兩道
吃肉、洗錢、進行五鬼搬運
還有滿街狼犬虎豹也算是叢林頂層的掠食者
二千三百餘萬生靈儘管學歷高
然，此處無人，知恥字

高溫與低寒交錯
氣候的劇變，使春秋不在
環境造成了生物退化論，已成事實
春秋不在
台灣已成了無人島
只剩一群病死豬，口蹄疫或狂牛症的生物異化者
（二〇〇五年十一月，台灣獨派執政現象）

蟑螂的進化

島上的蟑螂進化的真快
八年能底千萬載
一隻一隻又肥又大
像一群豬了
用人民血肉進補
會進化成一群群
暴龍

恐怖喔！恐怖
那一群叫「類人」的物種
有綠色的毛、血紅色的眼

弄壞了進化機制
使暴龍又有貔貅的胃口
全島食物竟被搶食一空
還把剩下的一點藏於海外

進化機制失控
蟑螂大如鼠　進化成豬惡如狼
惟恐龍獨尊　種類也多
有暴龍娶妻
是一隻楚楚可憐行動不便的
迅猛龍
別小看她瘦弱不便
她那貪婪的胃口大過進化史上一切物種
暴龍掌控叢林那幾年
她們倆狼狽瞞天
叢林中凡想要獲一席生存空間的生物

都要到後宮向她朝拜、歌頌並獻寶
若有不從者，她説：
我叫推土機過來壓下去……

接著
他們企圖繁殖更多聰明的台灣種暴龍
以利掌控全部資源
果然，他們使盡
五鬼搬運、移山倒海　明搶暗偷
把吃剩下的全部偷偷潛藏在地球各角落
盤算從此以後子孫可以永享榮華富貴

但是，才八年
轟——、轟——、是大爆炸發生了
檢調機制又紛紛啓動
恐龍、豬狼和進化中的蟑螂

到處逃竄、哀鳴，連已完成進化的暴龍
難逃一亡

另一種稱「馬」的生物開創新紀元
聲稱不得以人為手段操弄進化機制
應在自然狀態中慢慢的自然進化
從「類人」到「人類」
最少要六百萬年

公堂之上一群群吃相難看的蟑螂
有的已進化成豬、成恐龍
有的正在進化成比恐龍更可怕的物種
才又一隻隻回復原形
終於又住回了下水道

（二〇〇八年十月本肇居士稿於台北萬盛山莊）

小記：二〇〇八年三月，統派大勝，結束了八年不法、貪腐的分離主義政權，在歷史上的定位與評價是「法統重光、撥亂反正」。詳見：朱雲漢，「撥亂反正，打造政治新局。」，台大對新政府的期許研討會，會議手冊，台灣大學，二〇〇八年五月廿四日至廿五日。全詩發表於「世界論壇報」，二〇〇八年十二月四日。

一條線

一條線
天空和大海對立，又禍延
飛鳥和游魚，怒目相視
好可怕的一條線，在那裡？
定要找出來，消滅掉

一條線
兄弟姊妹反目成仇，禍延、禍延……
夫妻離異，父子成路人
族群撕裂，同胞要對決
這裡的人類怎成了類人

這條線在那裡？多寬多長？
小如濁水溪，或更小，看不見
可延伸過太平洋、大西洋或更遠
深埋心田，再繁殖、發芽
一條仇恨的線要怎樣消滅掉？

啊！天空和大海為何對立？
還有溪流和土地為何對衝？
用一條線劃開左邊和右邊
然後，對決，再對決
啊！這世界是誰要消滅誰？

（二〇〇六年十月台北）

外面的風雨說甚麼？

外面的雨下不停
忽大忽小
就算看起來是好天氣
也像暴風雨的前夕
人們不曉得怎樣過活

我裝著鎮定，自勉
八風吹不動
把頭深重的埋入
唐宋詩詞或十三經
惟風聲雨聲讀書聲聲聲撞在心頭

外面的風雨說甚麼
你聽不懂，我也聽不懂
只是雨拼命的下，風拼命的吹
吹垮了人，吹垮了島
淹沒了人心，淹沒了大地
大家仍都不懂外面的風雨說甚麼？
（二〇〇八年十一月六日提「三月詩會」朗讀，修訂成本稿。）

這裡

我走進孔丘的廟堂
為找尋春秋正義
這裡
果然存有
整個氣氛都乾乾淨淨
公平情義與和平的芳香
縷縷爛縵

一出門檻
到處是搔擾、髒亂或侵奪
再出去

一場場對決撕殺的零和遊戲
永不止息的上演
終於
烏雲遮蔽藍天陽光
世紀末的大冰河時代提早降臨
這裡

（二〇〇八年春於台北）

小記：在台獨政客操弄下，台灣社會從「移民社會」和「殖民社會」，質變成「篡竊社會」，社會各角落再也找不到公平正義和慈悲仁愛的氣氛，想要感受此種氣氛只有走進孔廟。

我看，那群鑊中魚

眼前，看見明明是一口巨大無比的
大鐵鍋
鑊中魚群的痛苦指數漸漸上升
沒有人了解那些魚，魚之間也不相互了解
經常有不同的魚種相遇必引起互罵撕殺
當然啦！大的總是吃掉小的，強的吞掉弱的
這是一定的道理嘛！

鑊外有一群綠色小矮人已然蝟集
猙獰的面目如禿鷹，搶奪的能耐如肉食恐龍
相互合作如狼狽，貪婪飢渴如野狗

啊！原來，進化舞台上出現變種類人
據說是西方異種猛鷹類的螟蛉子
牠們正在釜底大把加薪
而此刻，鑊中兩大異種魚類正準備對決

綠色小矮人正準備用這口大鐵鍋
鑄山煮海，創造一個偉大的神話故事
小矮人是偉大的，一定要出頭天
釜底加薪、加火
有些魚兒驚覺溫度升高的不妙
有些以為是全球溫室效應的關係，何必擔心
但此時，多數魚兒已頭昏了，昏昏沈沈……

（二〇〇六年春·台北）

沙漠化

不論多大的沙漠
總有些水草或綠州
可有些人心沙漠化之嚴重
長年毫無綠意，沒有一點生機
一輩子乾枯成一座
大沙漠

沙漠不斷擴大
使週邊地區也快速沙漠化
一個個人心、社會、國家都將成為
一座座大沙漠

生命絕機
無解的命題

當然，我期待六千萬年後
這座沙漠又成綠州森林
又能進化出不同於人類的新生物種
（葡萄園詩刊一七一期，二〇〇六年秋季號）

後註：台灣獨派的分離主義政權，在不斷「去中國化」後，又成為貪污腐敗的「洗錢中心」，使整個台灣的文化、社會都在加速「沙漠化」，漸漸成為不適人居的「貪婪之島」，神啊！怎麼辦？

亂

左邊的不在左邊
右邊的不在右邊
中間也不在中間

春天時像秋天
夏天時像冬天
秋天時人心蠢動
冬天時滿街沸騰如炎夏的撒哈拉

上面的要屌
握權的猛吃

正的一方咒罵
忠孝仁愛禮義廉
反的一方數落
一二三四五六七
（民九十一年，台灣光景）

「三一九搶案」驗證了甚麼？

以前，西方有落客、囉唆和夢的斯鼂等君
提出建構民主政治理論的基礎
「用拳頭替代彈頭」，舉手表決也
之後，在美國、菲律賓……許多地方
最近，公元二〇〇四年台灣地區也有精密驗證
「三一九搶案」成為奪權經典
證明「彈頭替代拳頭」才是叢林真理

一個理論經過不斷實驗，得出
「普遍性法則」，進而成為「統一理論」
這就是真理的價值與威力

因此，兩顆子彈的威勢是無窮的
子彈經政治的加持，貫穿力可達無堅不摧
子彈經權謀的加持，防禦力超過銅城鐵壁

是故，人倫道德、司法監察、法律秩序……
在經過加持的子彈威勢面前
薄如蟬翼
矮若侏儒
「禍爾魔煞」島成為物種退化特區
綠色人馬只是一群新退化而成的「類人」

「三一九搶案」驗證了甚麼？
落客、囉唆和夢的斯鼊的理論是錯的
達爾文的進化論是正確的
「用拳頭替代彈頭」退到「用彈頭替代拳頭」
實際上是進化的

是故，中國的統一最終還是依賴武力
這是「三一九搶案」用槍驗證出來的真理
讓我們大家來檢驗真理吧！

小記：這個神奇的「瞞天過海」作弊案，誰是「創意設計人」？各界猜測都認為是邱義仁，他那「神秘的微笑」又表達了甚麼？獨派執政當然無從查起。但隨著扁家貪污洗錢弊案爆光，邱也因貪污被收壓。「三一九」何時重啓調？至少也給邱義仁一個「公平」或可請邱義仁當「污點證人」，承認「三一九案」是作弊的，也能減罪。完稿於三一九案發後，修訂補註於二〇〇八年冬。

凱道魈影

虎頭
躲在防彈玻璃內商討
螳臂當車的計策
總結以象徵主義，餵食各方饑渴的索求

鷸蚌
雖相持不下，總算有一點點制衡效果
蝦荒蟹亂之際
大家忖度著那群漁夫可能只是頹廢主義者
鳩占鵲巢後，為安撫蠢蠢欲動的幽靈
演講全文只好採取神秘主義的畫風

最清楚的一句，只要有政權，剩下的是
蛇尾
（二〇〇四年「五二〇」凱達格蘭大道一景，六月作。）

現狀

高層
得了傷心病狂症，群醫束手無策
每日痰喘，從高處吐出毒痰
落在人民嘴裡
有些落在地上
政客和成群基本教義乖狗狗爭相嘗舔
有的吃上癮了，還要更上層樓，找機會
舐痔吮癰
然後說：像吃燕窩
眾生

吃毒痰，成癮成癖
吃政治，得瘴得癘
痌瘝在抱，從未痊癒
入閣的，一夜就病成一個病瘦的老人
在野的，三月沒吃就餓成一隻大鱷魚

大家都滿腹疙瘩，就得下猛藥
開腸破肚
心，拿出來
血，倒出來
心的震捍，血的熱度
定能嚇走瘟神
使風調雨順，國泰民安
（二〇〇六年春作品）

奇美塑膠花店

精心設計，不著痕跡
把犯罪事實
藏在
奇美，非常奇美
人山人海的奇花美草中
有如一場騙人的遊戲
從頭到尾在
奇美　密室　花店中
製造出一株株奇美的塑膠花及相關產品
放滿了花店

卻仍然都是假貨、假山、假水
就連那花香、奇美
全是假的，假情假意

顏色塗的再美，香水灑的再多，造型再奇
也是一屋子塑膠花
假的花
奇美啊！奇美！
（二〇〇五年秋）

國旗的控訴

我向民意機關發出最沈痛的指控
一個滿口仁義道德的人說要帶我參加大頭目的慶典
事後在一個陰暗角落強姦我，丟下我
蒼天的眼淚沾溼了我美麗的彩衣

我要告他
他的唾液和精液還留在我身上

我向調查單位訴說
一個人模人樣的說要帶我去看大頭目演戲
到了現場我才發現上當了，許多我的同仁也上當了
他們羞辱我、毀傷我、然後遺棄我

我要告他們
我身上還留有兇手的指紋

我是一支比較幸運的小國旗
那個人用完我，還想改我的名字
我不願意，是我自己逃跑的
我也不想告誰
只想告訴全天下的人
那群人都是詐騙團兼集體性侵害者
千萬不能相信他們
（九十三年「五二〇」凱達格蘭大道場景）

註：九十三年五月二十日，一群叛國者兼竊盜集團，公然在凱達格蘭大道上說要舉辦大頭目的就職大典，天啊！竊國者可以公然行之，而人民無可奈何！是道德沈淪或正義早被姦殺後棄屍滿地，如那群偷盜者，在青天白日上手淫，射精後，爽了！手上的彩旗便棄之如破鞋。

（刊於世界論壇報，世界詩壇五十一期，九十三年十月十四日。）

（二〇〇〇年冬再補註）隨著陳水扁家族洗錢案爆光，許多叛國集團的貪污者紛紛被關，證明台灣司法還是有用的，能做一些事的。

夜風與綠葉的對話

月黑風高，四下無人
窸窸窣窣
竊竊察察
黑風與綠葉已持續對話一年了
「讓真相永遠沈入海底」
「讓真相永遠沈入海底」
「讓真相永遠沈入海底」
……
「把山拗倒、把路拗彎」
「也絕不能讓真相露白」

至少，樹葉是真的
枝幹是真的
風吹是真的
只有根部是假的，沒關係
夜風與綠葉持續對話
「讓真相永遠沈入海底」
「讓真相永遠沈入海底」
……
「絕不能讓真相露白」
……
(二〇〇五年冬)

烽火連三月

從三月十九日點燃一把火
一把假的火
就真的燒了起來
真的燒了四月
真的燒了五月
真的燒了六月

一把一把又一把假的烽火連天的燒
有些在夜裡燜燒
有些就在大白天燎原
有些被嚴密管控在鍋爐中熬燒

瘋火連三月，焚燬了些甚麼？
人證燒了
物證燒了
關鍵影子燒了，關鍵聲音也燒了
一切不利的因素，全都一把火，一把火……
再一把火，燒個精光

現在，把原來
一座綠油油，水噹噹的
藍天、白雲全都燒了
所有人倫、道德、愛心、信心也燒了
燒成一堆堆
深綠色的灰燼

最後，都燒的差不多了

扁——柏
啓動調查機制
調查那瘋火連三月
瘋火燒了些甚麼？
各有關單位，雷厲風行
針對一堆堆的灰燼
提出一疊疊的報告
總結論：
高溫燒過的灰燼，DNA不能辨識
（葡萄園詩刊，一六五期，二〇〇五年春季號。）

人心，爲何獸化？

民主進步兵工廠
製造奪權的槍
兩顆子彈
擊碎一部憲法和一切法律

槍桿子出政權後
人倫、道德、親情、友情、愛情
縱使堅如銅牆鐵壁
兩顆子彈就
擊穿、碎裂、崩解、斷絕

兩顆子彈
利慾薰心
摧毀整座叢林
綠林毒化，水質惡化，到處黑心腐化

叢林惡質
人心，獸化
整座叢林中的眾生
沒有任何物種是贏家
（二〇〇七年冬修訂稿）

新進化論

絕大多數的犬
有了選票
就會快速進化成狼

蛇有了權力
經一夜蛻化
便能昇華成蟒

給你寵幸的小貓咪
授以大官職位
很快就長成一隻巨——大貓

（秋水詩刊，一二五期，九十四年四月）

黑奴啊！覺醒

一座水噹噹美麗可愛的叢林
原本上有藍天白雲
大地終年林木青綠
翠微芳香，你看
每一隻狗都懂得忠孝仁愛
每一棵樹都認識信義和平
鳥也有禮義廉恥

怎麼？才四年，整座叢林變黑了
竟成了一座黑心叢林
甚麼東西腐化了叢林？到處是黑心

你看！叢林頂層黑幕重重，一糰黑漆漆
四季黑箱作業，而人民願意背黑鍋
啊！黑奴，廿一世紀了
整座叢林都住著黑奴

此刻，你看，那玩弄權力的人
正在頂層虎虎生風，腐敗的病毒
像黴菌、梅毒、AIDS……
隨風飄散，在社會、人心中繁殖、擴展
而那統治階層，五院，正在用權力
手淫
在黑暗中銷魂、射精、取爽、謀利

叢林已經虛脫了
黑奴仍在林中掙扎
啊！黑奴，覺醒吧！

後記：二〇〇五年十二月的「三合一」選舉，獨派慘敗，但得票率仍有大約四成。一個做假偷位的政權，吃錢、洗錢、貪污、腐敗、無能的政權，仍有人投票給他們，黑奴啊！永不覺醒！

台灣會成為一個「黑心社會」，台獨思維是最可怕的「毒素」，惟春秋正義能治這種毒。

巨禍

台毒闖下天大的漏洞
女媧再世也
難補
縱使只用口水搞台毒
掀起海峽巨浪
大禹再世也
難治
戰火漫天的燒
拿來芭蕉扇也不能

熄火

這是一塊難補、難治又燙手的破碎地盤

註：二〇〇四年至二〇〇五年，連續兩年的台毒都在搞「二二八義和團活動」，製造永無休止的戰火，燒吧！火繼續的燒，燒掉整座叢木，佛祖也救不了。完稿於二〇〇五年三月。

千禧年後

不當走狗
不當米蟲
不當寵物
想當飛鳥
鳥小、小鳥，可以到處溜
在天空，笑！笑！笑！
百年笑話
或當一隻潛龍，深居
高臥也成，探頭看看那
百年笑話

如何在時空的長廊
發酵、起魈
千年、萬年

註：「三一九案」的「假槍擊案」，影星成龍認爲是「百年笑話」，依我看是千年、萬年笑話，是「民族笑話」，一種恥辱，台灣的恥辰，而有半數的台灣人不自覺，不自省。回顧歷史，「曹丕簒漢」、「燕王簒位」、「袁世凱簒國」，千秋萬世都仍受歷史批判，豈止是「百年笑話」！

現在

抓一把風聲就可以辦人
網一隻影子就可把人推下台
用一些顏料就可以把
任何人毀容、抹黑或抹紅

現在到處流行作假
只做樣子，不管裡子
大頭目領導作票、作案
大家學習作假、作弊
民怨沸騰，以為芻狗向天叫

叫不倒一座山
廟堂之上，到處妖孽
國將亡，島將沈
（二〇〇五年秋「三一九槍擊弊案」司法結案有感）

打「一一九」給上帝

我要報案，恐怖的殺人案
扁不殺人，扁竟殺人；
殺法翻新，民奈扁何？

水扁眾生，大海倒灌；
大山奔走，土石奔流。

人禍還是天譴？
民奈扁何？還是民自找之？
我向上帝報案

後記：二〇〇五年十二月。台灣地區執政的獨派被人民唾棄，陳水扁支持度降到二成以下，等於八成以上人民都唾棄了他。但他依然高高在上，依然騎人民頭上繼續作案，任多少天災人禍（其實都是人禍）漫延。立法、司法單位一半死了，一半被收買了，我只好向上帝報案。

誰養的兩顆子彈？

誰養的兩顆子彈真聽話？
叫他轉彎就轉彎
叫他不殺就不殺
比包養的情婦還乖

誰養的兩顆子彈真厲害？
可以顛覆物理學、化學
可以顛覆人倫、道德
顛覆一切真相
色即是空，空即是色
無即是有，有也是無

無中生有，把佛法也顛覆了

誰養的兩顆子彈？

不怕天譴乎？

小記：二〇〇四年「三一九」那兩顆子彈，是誰養的？養活了，活在每一個世代的腦海中，經常浮現，百年、千年、萬年……在任何世代，有長者講「笑話」給兒孫聽，都是上選的內容。

爲甚麼大家都不革命了？

革命尚未成功
怎麼大家都嚷著要放下手中的槍去休息？
好像從今以後再也沒有用槍時機
天下從此太平

老張放著少將參謀長不幹
說要回家種田
陳仔收拾行囊，準備打道回府
臨別時說：父母年老，孩子還小，妻子年青
林哥一聲不響，昨夜就走了
好像帶著情人私奔

為甚麼都不革命了？
不革命使那造反竊國的更有理
公理，被一刀割喉斷了生機
正義，被兩顆子彈暗殺，棄屍滿地
公平，被騙徒集體輪姦，血染美麗之島
青天白日被姦殺，血流滿地紅

我們都不革命，貪污、腐化與騙徒
將點燃兵燹
火化我們的老命和子孫的小命

後記：偶讀向明「大家都要走了」（葡萄園詩刊一五六期）有感。刊於葡萄園詩刊一六三期，二〇〇四年秋季號。

草莽治國

草莽當道，草莽治國
蘆葦茅草蕪雜紛紛佔據凱達格蘭及周邊地區
如王、如公、如侯、如伯及如夫人等
都一樣是竊賊流寇之輩
專幹些草寇姦宄

那群來自荒山邊陲的草包那知孔孟何許人！
乾脆統統打入大牢終身禁錮
那一票來自南蠻荊棘的膿包那識經史子集為何物！
乾脆統統送到垃圾場
今後各地的焚化爐專職「焚書坑儒」

草莽綠林階級制度也分明
一綠二美日三台客四高沙五外勞
六藍菊七陸娘八儒士九乞丐十娼妓
而凡有竊騙國寶之特異功能者
又能效忠者，列為國之上賓
寶島重回蒙昧
華路藍縷創建的基業
任其蕪穢

草莽當道，草莽治國
凱達格蘭營寨裡的山大王就是法律和制度
全寨上下行政由大王把持
將司法五花大綁，園長不乖就先撕票後滅族
將監察閹割去勢，園長不乖就先去職再砍頭
立法代表眾寨卒草芥，就讓牠們不斷去冒泡吧！
考試專責辦理壓寨夫人選拔，那位園長最乖

人民是甚麼東西？向來只是王的足下草芥
一群有權力吼叫的狗
草茅危言，是寨憲保障的權力
犬吠，不會把山叫倒
山寨崢嶸，山勢峻酷
山，依然如故

小記：二〇〇三年筆記，之後多次修訂，二〇〇八年大選獨派終於垮了。不久，發現陳水扁全家洗錢案，把數十億台幣以五鬼搬運，偷偷運到國外，還到處想利用台獨基本教義派，發動「取暖」之旅，說自己是清白，古今中外，未見有如此無恥的政客，記於二〇〇八年十一月十一日，此刻，他又正舉行記者會，訴說自己的清白，還有幾人相信呢？（二〇〇八年十二月中再補記）據最近調查公布，含二次金改，扁家族污走的錢可能高達數十億台幣，呂怒婦、邱議螢等綠營開始「切割」。

刮起一種風

綠色人種經過結構化研發和精進
把人類數千年來想要控制氣候願望
終於實現，且完成
定律、理論和概念的系統化建構成為一門
氣象控制學
任何時候都能依需要、對象、環境關係或
策略目的
刮起一陣風

斯風
與馬無關，與屁有關，風自口出

臭氣沖天，燻氣淹死了
為何臭？蓋口與肛交
惟特定對象聞之，頓時感覺通體舒暢
如坐春風
放風者更是飄飄然，很快飄到高處

綠色人種用顏色治國，以顏色決定位置
用口水拼經濟、拼外交
並以斯風決定績效和升遷
風成為一座橋
經由此橋，可得烏紗帽，享榮華富貴
實現一切願望
目前斯風正盛，比美韓流
若此風不斷增長亂刮
可能形成島內大海嘯

吹垮一座島

呼呼！聽啊
政壇上又刮起一種風
（二〇〇五年九月綠營政壇刮起一陣「馬屁風」有感雜誌）

眞的是進步了！

割喉
笑談用刀，借刀殺人
毀屍滅跡，殺人不見血
民主進步人士說，無證無據無罪

作票
無中生有，混水摸魚
瞞天過海，反客為主
民主進步人士說，啊嘸咩安怎？

子彈

聲東擊西，暗渡陳倉
反間計、苦肉計、連環計
現在兩顆子彈最得意，功勞卡大天

竊國
偷樑換柱，偷天換日
竊鉤者誅，竊國者侯
國家構成有了新要素：騙姦偷搶竊殺

小記：民進黨惡搞八年的真相，記於二〇〇八年元月。

第三輯

春秋，綠色異形

綠色異形

出現在地球上的物種很多
各種生物都有過變種、異種或雜交種
其實都是物種演化上的常態
例如，人有黃種人、白種人、黑人或異種交配
只要產出人就是正常

獨，現在出現演化上的
異形亞種
綠色人馬
這是「類人」的一種
皮膚依然黃色，流著綠色的血

眼球也是黝黑，卻都有綠內障
其他應有的人形都具備

這裡，就是風花雪月也必須是綠色的
原是百花齊放，現在怎成
綠肥紅瘦
一座海上仙島，美麗的寶島
竟成「綠島」
綠色不斷異形演化
整座綠林不是妖魔，便是人妖
（二〇〇三年作品）

帽子的威力

在這座世界排名第一
大綠島
只要有一頂扁帽工廠生產的帽子
就能推翻社會學中的血親和姻親關係
　推翻政治學中的系統理論
　推翻經濟學中的市場法則
　推翻地緣學中的戰略理論
　推翻物理中的牛頓三大定律
當然，也推翻民主政治所有的遊戲規則
有綠帽子就有一切

因此，本工廠正式宣佈
台灣人只須要戴一頂一頂，無限多頂
大大的綠帽子
有這種帽子，人民就有吃有喝
有這種帽子，可以賣帽子
有這種帽子，我們隨時可以走路
最大的好處是可以給人戴帽子
沒有人可以從帽子下脫逃
（世界詩壇，第四十八期，九十三年八月十九日，刊後再修。）

奇幻的帽子

——另類魔術表演

我變、我變、我變、變、變……
這是一頂帽子嗎？
別小看我哦！只要我在，冶金家都得閃一邊
因為，黑金、白金、黃金……
都由我自己下定義

你看、你看、你看、看、看……
這是一頂帽子嗎？
太狗眼看帽低了，只要有帽子，其他都免了
因為，權力、職位、豪宅、美女盡在帽中

只要你敢拿

我是一頂千變萬化的帽子
可以是屠刀、寶劍或凶器，殺所有想要殺的人
最神奇的一點
我可是萬能塗料
可以改變天地間萬事萬物的顏色
（九十三年五月台北）
（世界詩壇四十四期　九十三年六月二十四日）

民怨的聲音

你側耳傾聽，那風聲水聲在說些甚麼？
從東西到南北，從山村到市鎮
聲聲不絕，啊！民怨的聲音
只要有嘴的，都在訐譙
你聽那鄉巴佬
「ㄙㄞ ㄌㄥ娘！」
「幹——ㄧㄥ老母ㄟ水歸！」
字挾風霜，語帶凜冽，響徹雲霄
驚動天庭
只有那綠色陣營不為所動

水扁眾生，視而不見
大海倒灌，大山逃亡，大水進犯
土石狂奔，小島沉陷，眾生納命
這是天譴，譴責綠色恐怖

「ㄙㄞ ㄌㄥ 娘！」
「幹——ㄧㄥ 老母ㄟ水歸！」
民怨的洪水濤天
光是濺沫就能淹沒整座綠林

台獨惡搞八年的結果，記於二〇〇八年春。

讀台灣史有感

雲，你是一片雲
天生就是一片雲
要飄向那裡？有那裡可以飄？

很久以前，你到處亂飄
一度飄到歐洲
不久又飄回中原
有很長一段時間，無風不起浪
雲也不飄了

好日子過久了，又想去流浪

一頭撞上東洋浪
粉碎成一片片殘雲
半身麻痺，兩邊不是人
苟延殘喘活了五十年
又飄回了母親的身邊
像一個受傷的孩子
巴望母親溫暖的愛

不久老毛病又犯了
要飄向那裡？有那裡可以飄？
（二〇〇三年冬日讀台灣史有感）

史前大ㄜˋ魚

這或許又是進化論上的意外
一隻史前大ㄜˋ魚
竟游走在現代的叢林水域
一口緊緊咬住兩千參百萬人
人人都在鱷魚口中
掙扎
爭相逃命

一隻深綠色的史前大ㄜˋ魚
可以想吃誰就吃誰！
可以想吃甚麼就吃甚麼！

或這又是叢林法則
眼前又有一塊大肥肉——「民營化」
使出乾坤大挪移五鬼搬運
搬回家吧！佔為己有，或
給老婆、老公、外婆、外公、叔叔、阿姨、情婦……
還有一脫拉庫的鼠輩、走狗、蛇頭、蟑螂……
還有其他ㄜ魚在搶食

在演化過程中，有這種機會
極少、極少

記於二〇〇五年春，〇八年修訂。

（二〇〇八年冬再補註）陳水扁家族洗錢案已查了幾個月，已證實民營化、二次金改過程中，扁家族A走幾十億元，扁家族人馬，老婆、老公、外婆、外公、阿姨、情婦……全拿到好處了。

萬生，何其不幸！

是一種詭異的農業改良嗎？
綠豆芽
一夜間翻身
就在廟堂之上當成
棟樑
才不過是一點風風雨雨吧！
眾生與萬牲竟都屋毀人亡

綠頭鴨
在一群鼠輩設計的戲碼
竟能在短期間進化

變成一隻綠鳳凰
在朝庭上，人五人六
騎在萬生頭上，洒尿
生靈在水火中，酒淚
整個綠林的蛇頭、妖精、虎狼、走狗、蟑螂……
竟把眾生當
肥羊
一隻一隻、一塊一塊、一刀一刀
宰殺、宰殺……
（二〇〇七年冬作品）

人間奇景

奇禍
一把火燒了快兩年
不僅未見消防隊
人人添油加柴，一起放火
火勢燎原不可收拾
一個島將被燒成灰燼

奇美
兩顆子彈擊發後
飛了快兩年
還沒到落點

甚至找不到起點和彈道
（二〇〇五年中秋節前）

惡鷹的索求

西方惡鷹貪得無厭
細細的喉嚨像一處地球上的黑洞
物種數量不多
卻吸食整座大叢林幾近一半的糧草

為掠取所須肉品等美好的資源
貪黷攻伐無度
所到之處掠奪一空
生靈塗炭，遍野哀泣

近年來，惡鷹強取豪奪成嗜成癮

現在又得了瘋癲症，神經錯亂有如一隻
惡餓禿鷹
要求住在禍而魔煞綠林的統治階層
還不是蛇頭和狐狸精
短期間要上繳六千億新鮮肉品
若有不從，拿蛇餵鷹
並將老狐狸先姦後殺，再撥下狐狸皮
以供「小鷹號」們冬季取暖
（二〇〇七年冬作品）

小記：「小鷹號」是美國一艘航空母艦，至今仍在服役中。

鷹犬的坦克

——聞巴格達反美示威人群遭美軍坦克輾斃

鷹犬的坦克成群結隊
從空中、海上、陸地、竄出，橫行
輾壓整個大叢林中不乖的眾生
鐵蹄所到之處
燒殺擄掠，血流成河
坦克輾屍而過
血，染紅了阿拉伯的天空
啊！阿拉的子民，你們還行吧？
鷹犬的坦克在沙漠橫行

從喀布爾到坎大哈
向西飛越河拉的天空
在巴格達到摩蘇爾間地區
聲稱：
只要人權，不要人命
只要民主，不要民命
只要自由，不要自主

惡鷹駕坦克
從空中，或太空，如雨點般洒落
眾生樂園、萬牲園
兩河文明、空中花園
惡鷹所到之處，哀鴻遍野，血肉橫飛
並有輓歌
從新婚的禮堂傳出
惡鷹凱旋而歸

鷹犬狗仔發佈風聲
堅持：巴格達沒死半個人
只取狗命
未取人命
未來也將兼持
只要人權，不要人命
只要民主，不要民命
只要自由，不要自主
基本理念，澈底改造整座大叢林

東方小島上鼠輩成群
為首的蛇頭，惡向膽邊生
蛇吞象　又向惡鷹取經，宣稱：
只要人權，不要人命
只要民主，不要民命
用權力組裝成一部部吃人的坦克

在島上橫行，輾壓眾生
眾生那種逃？那種逃？
（九十三年四月作）

如來神掌

——試答「笠」詩刊二〇八期林豐明「囚」詩作

怎麼會沒答案呢？
清清楚楚，就寫在兩千多年中每一史頁
從夏商周秦漢……宋元明清……
歷代歷朝都能找到答案

你看！孫悟空，孫猴子夠厲害吧！
在兩千多年的歷史上，多的是類似品種的猴子
一隻比一隻神通廣大，一隻比一隻厲害
卻從來沒有一隻跑得出如來神掌的範圍

也許是命，命好吧！我們住在黑洞旁邊
一切的星球，從來沒有脫離黑洞的勢力圈
隨著時空推移，宇宙的環境會改變
黑洞的拉力愈來愈大，洞內愈來愈亮成一個「亮洞」

落葉歸根
縱使有風，偶爾亂吹
葉子並不會飄太遠
遲早力弱後，定要回歸大地

後記：偶然機會，看到「笠」詩刊二〇八期，林豐明先生的詩作「囚」，深有所感而作，未知是否能答林先生心中的疑惑。九十三年五月於台北。

綠帽子

現在綠帽子值錢
男人戴綠帽子已經不希奇
女人也搶著想戴綠帽子
一人撮人搶的翻臉打架

把人推倒、踐踏、壓死
也要搶一頂綠帽子戴
整座叢林
不見綠葉
只見綠帽子

（二〇〇二年作品）

偶然

偶然，就那麼偶然
他伸手一抓竟
隔空
抓住一把權力
有的暗自竊喜，有的瘋狂大笑
都緊緊的抓住
一大把、一大把、又一大把
權力
這下怎麼辦？要怎麼用呢？
爽啊！騎在人民頭上，爽

不，簡直像騎在美女身上
可以邊騎邊吃，想吃那裡就吃那裡
口水已經流下來了
還噴的到處都是
一群群蒼蠅、蟑螂、老鼠及各種蟲類
竟有機會享用一塊塊鮮肉
吮吸、吻咬、啃食、鯨吞、蠶食……
沒有一個吃相好看

能吃的吃，吃不下拿走
能拿的拿，拿不動用搬的也要搬走
吃不到，拿不到，用搶的
搶不到就開罵，甚至打架
先吃為贏，後吃遭殃

偶然，就那麼偶然

他們像一片雲，輕飄飄的來
個個滿載而歸，吃飽喝足
二〇〇五年十二月的一場三合一大賽
他們竟被人民趕了下台
歷史，是那麼的偶然
偶然間就把一群群不要的廢物
丟棄

（二〇〇五年十二月在台大值班室草稿，二〇〇六年元月修訂）

猋猋狺狺

在這裡，長年累月
眾生得忍受
妖言狺狺
魔影猋猋

犬王，領著成群瘋犬狗仔
到處狂吠，日以繼夜
一犬吠影，百犬吠聲
從狗嘴和全身孔洞中
吐出一陣陣
兇猛鹹溼的瘋狗浪

每天都有成千上萬生靈被淹死
沒死的也因
犬沫四濺
得了狂犬病

狺狺猋猋
六畜感染，眾生難安
看啊！滿朝上下，到處狐群狗黨
狗仗人勢
一犬成王，眾犬皆仙

一隻猘狗，領著一群盲犬
成千上萬流浪在十字路口
在歷史的時空中迷失
找不到回家的路
只好繼續流浪、流浪

成一隻隻流浪犬
狺狺猋猋，長年累月

而眾生
得繼續忍受瘋狗狼的肆虐
再長期接受狂犬病的折磨

二〇〇四年作，〇七年修訂。

他，一個可憐的老人

一個據說是「欽定」的老猴、老蕃癲
每天獐頭鼠目，獠牙狂嗥
說是要制憲建國
有時也慈悲的，面露獰笑參加台灣長老會議
要傳佈上帝的愛
上帝絕對想不到，會碰上
一個進化史上最囂頑狡猾的物種

老猴也瞑目吼「塞」狗誄
又進化成一隻導盲犬
有成群結隊的魈狗跟著導盲犬到處咆哮

卻終日游走於十字路口
賴著國家吃香喝辣，享盡榮華富貴
還找不到進入國門的路
悲哀啊
旁邊還有一群螳螂、蝙蝠、走狗等跟著起舞鼓譟

上帝、閻王都怕老蕃癲，老猴老不死
但人生自古誰無死？遲早總得見祖宗
明明木子有姓，且為中國之大者
登龍有術，輝赫一時
也算光宗耀祖，有了交待
偏偏說自己是倭寇種子
終究找不到回家的路
在十字路口向人打聽
「靖國神社」的入門在那裡？
他日好安頓亡靈、遊魂

看來只有歷史是公平的
因為有五千年億萬的中華子民擔任最後的法官
千年歷史正義就是這樣維持的
在春秋大義面前，他，只是一個漢奸
一個迷戀東洋右派鬼子的老蕃癲
在列祖列宗面前，他，只是一個孽子
自戀於台獨，用權力自慰射精
以取得快感的變種兼敗家子
（二〇〇三年作，〇七年修訂）

不能改變的

鼠輩成群
重施故技
快到終點站時
牠騎在牛背上
縱身一躍
順便把貓用腳一踹

鼠輩
排名第一
還是叢林中最叫眾生討厭的東西
羸了

仍叫鼠輩
也不算贏
（二〇〇四年冬在台大値班室作）

眾牲說些甚麼?

三牲不干鼠輩橫行、鼠疫漫溢
毒害蒼生
犁庭掃閭
號召叢林中的萬牲起來革命
推翻不法政權的統治
推翻不義政府的壓詐
推翻邪惡權力的凌辱

四靈生物在廣大的神州響應號召
萬牲覺醒
地動山搖，小島面臨沈落的命運

反黑暗、反醜惡、反綠色恐怖
反作票、反作假、反竊國
衆牲啓動了革命機制
衆生開始進行第三次革命
（二〇〇四年冬作）

一群流浪狗被關在

一群流浪狗被關在這麼小的空間
這麼小的空間有這麼多流浪狗
驚擾全世界
大家都不知道怎麼處理

在狹小的空間裡
相互碰撞、搶食、撕咬、爭奪生活資源
在所難免
狗咬狗、相互排擠，謀害、抹黑或抹紅
是每天上演的劇碼

在狹小的籠中天地
借刀殺狗是常態
這麼小小的空間有這麼多流浪狗
成天、整年、幾百年來
群犬狺狺，走狗猋猋
相互嗥叫、撕咬
再亂下去，天也爆了，地也沉了
（二〇〇五春作品）

生存遊戲

母雞帶著小雞，在屋前空地上進行親子教育
悠然享受天倫之樂
突然，母雞歪個頭頭
她耳邊的天線已偵測到百里外入侵的敵人

老鷹，以接近一馬赫的速度
從外太空，有如一顆隕石般向下面的目標俯衝
千鈞一髮中，母雞精確的算準前置量
率領全家進入灌木叢堡中
最後一隻小雞，以飛箭的英姿
射入掩蔽物後方

以絕對優勢的海空戰力
F-117 隱形戰機，巡弋飛彈……
就想把人當成小雞
撤底殲滅
她卻潛身在千尺的地下迷宮中
用四兩撥千斤，取得繼續生存的機會

附記：小時候家住山裡，家門口前面有一大塊空地，可用來晒一些農產品，或是家中養的禽畜，做為休閒活動的空間。早年（約民國五十年前後），鄉村山間還有很多老鷹，牠最愛抓小雞了，經常看到這一幕驚心動魄的場景，都為小雞捏一把冷汗，兒時的記憶中，每次母雞都能化險為夷。這個古老的記憶，成了我美麗回憶的一部份，因為我始終很佩服母雞的機智、反應和勇敢。近十餘年來（自一九九〇年第一次波灣戰爭至今），美國發動兩次對伊拉克及一次對阿富汗戰爭，美國使用的戰略正是老鷹（絕對優勢的空中戰力）戰法，但弱勢一方卻深藏地下，最後更化為無形，讓大家看不到、找不到。我又想起兒時常見老鷹抓小雞的場景。

生存遊戲的競逐，有時候並非單純的「力」可以解決所有問題，慈悲和智慧應該是更重要，可惜英美強權過於迷信用「武力」解決問題，至今似乎未見有英美「政治家」反省，實在很可惜的事。

就像兩岸也不是單純「力」的問題，自古以來要用政治力量把一個國家切割成兩半，到頭來都要失敗的。其中還有歷史和文化，有們有著共同的孔子、孟子……有著共同的李白、杜甫……要如何切割呢？

新政府的「新人事考核標準」

新政府的新規定透過異形，一夜之間染指所有地方
有關目標管理、品質管制、績效評估等
公文書暫時保留，不須焚毀
未來改以顏色決定人事考核的終極標準
全身變成綠色，就代表績效和前途

層峰下一道綠色指令
高鐵明天午夜之前要通車
所有閣員通通到南部鄉下去宣導政令
任公職規定的ＩＱ、學歷、經歷、考核等一律廢除
只要是綠色的，阿斗也可以入主中央

只要是綠色的，有LP的都可以當部長

新政府為表現民主進步，廣納雅言
要傾聽人民的意見，深入鄉村與城市舉辦意見發表會
歡迎各種顏色的意見或聲音
新政府絕對保障言論自由，寧要媒體，不要政權
當然只有綠色的聲音可以上達天聽

（二〇〇二年冬作）

寒士登綠林

學而優則賜
回想那十年寒窗的苦日子
能不期待皇恩賜寵乎？
賜宴、賜福、賜金、賜銀……
我下面還一群乞憐搖尾，等著我賜酬呢

學而優則肆
生熟不居，凡是沒有肉可以肆獻的
可別怪我肆威，除我主子
我可是肆無忌憚

學而優則噬
權力又把人豢養成一隻黑洞
吃五穀雜糧，吃金銀財寶鑽石瑪瑙
更吃人
學而優則弒、則螫……
終於把自己也吃掉了

（二〇〇二年冬作）

新流行

在這裡，戴帽子是一種流行
不戴帽子代表落伍、落迫和孤獨
總人口中
一半人戴綠帽子，一半人戴藍帽子

有些人可能不止戴一頂帽子
半空中隨時漂流著一頂頂
紅、黑、白、黃……蔚為帽海，遮蔽陽光
每一頂帽子都主動積極在尋找有利的主人

有一種帽子最可怖，可以改變人的基因

名為烏紗帽，實是緊箍圈
戴上了就進入閣籠裡，上頭念咒你頭痛
過著七分像人，三分像鬼的生活
說些七分像鬼，三分像人的話語

（二〇〇三年作）

台灣綠色論述

新政府為貫撤新世紀的主流環保綠化工程
動用一切預算，不惜向未來三十年子孫借款二十兆
因為，從天空到地面，到地層，到地心岩漿
還有，從極東到極西，到南北，到上下左右
都必須在規定時間內，完成偉大的綠化工程
所以工程由綠色人馬負責公開招標、施工、驗收

做好TQM，大處著眼，小處著手（註一）
例如，那些紅花、紅葉、白花、青葉等一切非綠色的
由黨部協調農委會召集國內外所有專家學者
進行基因改良，以期產出綠色的下一代

天空絕不可以是藍色的，由空軍總部負責綠化
大海絕不可以是藍色的，由海軍總部負責綠化
大地絕不可以是藍色的，由陸軍總部負責綠化

勿必啓動一切綠色機制
一切非綠色植物，若不能經由基因改造變綠
必須全部拔除，焚燬其根部和種子
一切非綠色動物，若不能經由基因改造變綠
必須全部銷毀，焚化其卵子和精子

若有固執如石、如礦、如木頭者
斷其一切維生能源
全部逮捕，送進綠色溫室或染房
強制改造、重建或焚燬

總之，落實偉大的綠化工程

體現新政府的主流環保價值
一切非綠色的都不該有生存權
任何非綠色的都不能有工作權
綠色，代表你的能源、生命及一切
綠化，是新政府最偉大的工程

註：TQM（Total Quality Management,全面品質管理），是管理科學重要的管理工具，二〇〇三年作。

第四輯

春秋ノ癌症叢林

癌症叢林

腥臭味
自叢林高層一波波
頃巢倒落
人民沒有選擇
被腥臭如屍水
淹漬成一具具木乃尹

綠林日夜不斷的傳出
惡臭
原先綠油油的原野叢林全被毒化
無人思索挽救環保浩劫

這裡的眾生竟似
一具具復活的木乃尹
行屍走肉

原來，整座叢林
被關在一座環島的癌症病房中
沈淪、等死

〈台獨政權現狀有感，刊於「世界論壇報」，九十四年元月十三日。〉

綠色恐怖

綠色代表生命和權力
因此只要綠色，其他顏色都是假的
只管輸贏
海，任他淹沒大地吧！
山，任他倒下掩埋眾生吧！
眾生都入土為安
是綠色最後的勝利

綠色，只要贏
贏得天下，綠化天下
靠山吃山，靠海吃海，何須尊重？

大地，本來就是讓我踐踏的
我踏平天下
才有天下
綠色天下
天下綠色
只有流血，只有殺戮，只有權力
只為贏
只有贏是真的，其他都是假的
作票、作弊、作假，假的就假的
有那麼嚴重嗎？
（二〇〇四年春作）

那幾天夜裡，風聲說甚麼？

事前，一連幾天的夜裡
風聲日緊
我推開窗扉，側耳傾聽
那聲音，一連幾夜
時而呼嘯，時而低吟
肯定是生靈所發出的聲音
在說些甚麼？？？
保住蛇頭、保住蛇頭……
沒有頭頭能幹出甚麼大事？
只是那隻妖精、那隻妖精

那隻妖言惑眾的妖精
得優先把她處理掉
這也是不得已的犧牲

那天下午以後，砰！砰！

風聲日緊
風聲鶴唳
年頭吹到年尾
日緊的風聲也愈來愈寒冷了
直到現在，炎夏
許多人人心裡還是毛毛的／冷冷的……

（二〇〇四年三月底作）

鉅型綠島

當綠島小夜曲已經老化的成為一種
斷斷續續的記憶
一個更大型結構化的綠島
清清楚楚在你我的眼前
型塑而成

為了要關更多的人犯
新的綠島有了更多的鐵窗鐵架和電網
用顏色樹起重重的高牆
用拒馬阻絕所有異議
人犯不斷的增加

所有非綠色人馬都是罪人，罪該萬死
所有和對岸互通有無的是罪魁，割喉處死
所有心中有藍天的生靈，打入綠林監牢

幾千萬都是罪人，都該進綠島
天啊！全世界最大的一座綠島
三萬六千平方里的大綠島
也算世界叢林中的奇跡
（二〇〇四年冬作）

綠色災難

依風聲入人於罪
結果是邪魔當道，而忠良死於非命
用口水治山防洪
結果是山河變色，而土石奔流
子民奔離
靠顏色決定升官發財
綠豆芽就能放在廟堂之上當成
國之棟樑
結果可想而知
一點風、一點雨、就全都屋毀人亡

看啊！那綠色人馬組成的綠林
使「禍而謀弒」成為世界一大「綠島」
綠營不軌，綁票全民戴綠頭巾
綠營沉淪，家家户户被拉下海成了綠燈户

啊！原先是民主的綠洲，已成
綠色災難
這是天譴抑或人禍？
（二〇〇五年冬作）

「三一九搶案」槍擊事件完結篇

經過鬼斧神工的佈局
殺人滅口，毀屍滅跡後，自以為
神不知、鬼不覺，人好騙
終於宣佈破案了，事件的主謀是
一個鬼魂做的案
你看那天下午
他鬼鬼祟祟，鬼影幢幢，魂不附體
這不是鐵證如山嗎？

天理何在？
活生生的一個人，被滅口後，竟又被抓來

當替死鬼
而真正的鬼尚游走於人間
又不斷繁殖演化成更多
魑魅魍魎、魃魈魕魋……
一群鬼怪魔族當道
福爾謀殺使天堂變地獄，使陽間成了陰間
看啊！鬼族推磨，把人民當成驢子磨
聽啊！鬼哭神號，把人民當成走狗使

終究要寫下完結篇
代表一個經典、完美
創作　的完成
從此以後，這個在肚子上的名作，同時也
打穿兩千三百萬人的腦袋
使全民的平均ＩＱ降到白癡水平
使全民的整體ＥＱ完全失控

啊！寶島，孽根禍胎，回頭無岸
孽障種子又生孽緣
願我佛慈悲，普渡眾生
令人間無鬼，超渡那被滅口替死的
鬼，早成魁星

註：九十四年八月十六日聞「三一九槍擊案」結案，內心有感，有說不清的複雜，只能說百感交集。

叢林眞相

草ㄇㄟ ㄚˋ也弄雞公
絕不會拖眾生下水
一起去送死

狐狸會使詐
也絕不可能啓動一個機制
欺騙蒼生

萬獸之王能稱王
也是用公正、公平、公開、實力
拿取天下

野狼再厲害也絕不可能向誰
割喉

耗子再聰明也頂多幹些
鼠竊狗偷
不會設計偷走國寶

叢林的真相是甚麼？
古木參天，或一片綠油油
眾生在一座公正、公平、公開的平台上
爭食
叢林是誠實的，不會無中生有
叢林是實在的，不會虛偽造假
叢林爭勝也有一定法則
不靠「兩顆子彈」

後記：

九十三年六月二十三日，我返校參加「台灣大學教授聯誼會」，會議由會長電機系教授江簡富博士主持，會中有本校社會科學院院長包宗和教授演講，題目在「恐怖主義對國際關係發展的影響」。講畢討論，我起立發言，表示國內自「三一九槍擊事件」後，政治與社會日趨「叢林化」，大家不守人倫道德規範，只顧血淋淋的爭強爭勝，很叫人憂心。

在場的有本校退休教授，前植物系李學勇博士發言，表示自達爾文提出進化論以來，人們把社會上的弱肉強食，虛偽訛詐等現象，説成「叢林化」，是對達爾文進化論的誤解，甚至是對叢林中各種生物的「污名化」。事實上，叢林中各種生物都是誠實的，生存競爭也是公平、公開、講究實力的，絕不可能像人類這般胡整惡搞，虛偽造假，無中生有。

老教授陳詞激昂，給在場的人上了一課正確的進化論。我有同感，信手拈來，草成一詩，相信，叢林眾生是很誠實可愛的，也很實在的，絕不可能搞「兩顆子彈」騙取天下眾生的心，更不會玩「割喉」遊戲，玩弄同類。

其實，不用達爾文説，叢林早有真相，我國最早的詩歌作品，「詩經·鄘風」相鼠篇：

相鼠有皮，人而無儀。
人而無儀，不死何為？
相鼠有齒，人而無止。
人而無止，不死何俟？
相鼠有體，人而無禮。
人而無禮，胡不遄死？

「相鼠」在解釋人際關係，或社會和諧之維繫，還是得靠「四維八德」，

翻成白話文：

看那老鼠有皮，做人反而沒有禮義廉恥。
人無禮義廉，不去死還活著做甚麼？
看那老鼠有齒，做人反而不知禮義廉恥。
人無禮義廉恥，不去死還要等到何時？
看那老鼠有體，做人反而不知有體有格。
做人沒體沒格，不趕快去死尚待何時？

原來叢林真相，本來就是有體有格，有禮有恥，叢林眾生是誠實可愛，不會作票、作假、作亂。李學勇老教授一言，發人深省。

變色的叢林

一座綠油油、水噹噹的美麗叢林
有小貓叫、小狗跳，蝴蝶飛舞
魚兒在溪中浣花戲水
一夜間，頓然變成
黑森林
許多牲畜都說沒看見

只有蝴蝶最有感覺
只有蝴蝶知道綠林變成黑森林的秘密
原來綠林物腐蟲生
從土壤底層深心就開始變黑

黑水，從人慾橫流的臭水溝中流出
濁黑汁液
生物便從根部開始腐爛，向上發展
高層，不斷有惡臭腐敗滲出
從屍的穴中
從權力的慾海中

才四年，一座綠油油的叢林
頓然變成黑森林
縱使有藍天白雲能奈何？
（二〇〇六年春作）

叢林新景觀

睡不著
到公園數羊
一隻羊、兩隻羊、三隻羊……
零零星星
綠林深處
有狼跡幢幢

天亮了
到街上走走
一隻虎、兩隻虎、三隻虎……
虎虎生風

成群結隊
把郊狼團團圍住
小白兔躲的遠遠的
往上看在叢林高層
一條蛇、兩條蛇、三條蛇……蛇蠍成團
一隻鼠、兩隻鼠、三隻鼠……鼠輩成群
蛇鼠橫行小心蛇口蜂針蛇兔聯盟蛇吞象
向下深探
整座叢林
狼犬成群
綠林眾牲，惡業共成
（二〇〇六年夏作）

妖魔叢林

蛇頭和妖魔躲在固若金湯的透明室內
怕遭受四靈生物之天譴
室外搖旗吶喊的鼠輩
自以為排名第一就是贏家
不久也抱頭鼠竄
嚇成一幅牛頭馬面的慘景

妖魔叢林，叢林妖魔
毒虎食子，免死狗烹
此時，蛇頭和群魔正把
作票、作假、作弊、貪污、腐化、寬偷得來

一口口鮮肉、腐屍，當成
龍肝豹胎，大塊朵頤
下面，大群人蛇、馬蟥、沙豬、走狗等爭相搶食碎屑
別小看那一群魑魅魍魎
鬼蜮技倆已達到鬼斧神工的水平

那群「無賴的惡徒」
「臉看起來像是來自阿茲卡班」
才四年
官場上多的是羊癲瘋，羊胃羊頭
蛇頭與妖魔狼狽姦宄
妖魔攀附蛇頭吸取權力管道噴射出來的精液
蛇頭則利用妖魔嚇弄眾生
說穿了，羊質虎皮，耍一陣猴戲
等到四靈生物拿出鎩手鐧
殺雞警猴

還不是雞飛狗跳，落荒而逃
苦了眾生

少數清高的小綿羊找遍整座叢林
竟無容身之處
只得躲進犬儒學派的小別墅中吹冷氣
過著富裕而驚恐的豬仔生活
口中念念有詞：
「風聲雨聲讀書聲，聲聲入耳；
國事家事天下事，事事關心」

整座叢林的生老病死
終於成為蛇頭與群魔的歡樂舞台
（二〇〇四年「五二〇」蛇頭就職大典）

焚燒的叢林

高層，烏煙瘴氣
有炭酸瓦斯，自七孔
冒泡、冒火
叢林四週，佈滿即將引燃的炸藥
綠色角落，藏有準備引爆的炸彈

蛇頭，焚掠眾牲
州官，放火燒山
小民，以自焚向眾生警示
整座叢林從年頭燒到年尾
各大山頭，樹起

烽煙、烽鼓、烽火臺

鼠輩，竟如此以狼子野心
狼心狗肺
焚燒了整座叢林
狼煙四起
燒、燒、燒，一波一波的燒
叢林沒了藍天白雲，也沒了綠油油
只剩灰燼
深夜，又有一把火在秘密的黑盒子中
悶燒、悶燒
風聲中開始感受到火苗的溫度
有殺氣竄鼻
焚書坑儒
書者，經史子集
儒者，儒墨道法

無一幸免

燃燒吧！叢林！

燃燒吧！叢林！

沈淪吧！綠島！

沈淪吧！綠島！

註：最後四句用歌手高凌風的成名歌，「燃燒吧！大鳥！」，同曲音唱出來，之後，曾在「紅衫軍」大舞台上朗誦此詩。

錯亂的叢林

西方鷹犬鴟鵂，日夜空中盤旋
眾目睽睽，鳥瞰大地一切可以食用的生物
嘴爪鋭利，隨時準備捕食任何新鮮的肉品
全身佈滿聲光熱溫的全自動導向追蹤探測器
足以全面掌控大地所有生物的思想、行為和行蹤

東方獅王一睡五百年，大夢初醒
就驚動群獅，大地為之撼搖
地球改變原來轉速，地殼向東傾斜
面對鷹瞵鶚視，群獅決定團結起來捍衛本身利益
並號召四靈生物、虎豹及各弱小族群共成一個東方集團

小島上的鼠輩走狗雖然吃飽喝足
卻也一時慌了手腳，不知如何應付
西方鷹犬規定要按時去朝貢，獻上最好的肉品
獅群虎視，瞻敢向西方靠近半步
就拿你來殺雞警猴

慌慌慌、徨徨徨、晃晃晃
在朝庭上，充斥著鴨霸、沙豬、走狗、鼠輩和狡兔
在遍地裡，滿街狼犬，豺狼當道
有水的地方，到處是人蛇、馬夫或海蟑螂
剩下一些自以為可以混的，也只能做牛做馬
絕大多數是混不下去的，都想起來造反——革命才對
蛇頭為穩住局面，安撫大群鼠輩的狼心狗肺
只好釋出畫餅，挾雜一些搖頭丸、迷幻藥、速死康等

或打開貪狼的心，誘惑巨蛇的胃口
全體大玩豬奴戲，還不是都摃龜了

文明的小島，奈何重回洪荒！
有氣的，行屍走肉，到處魚肉或賣肉賺錢
沒氣的，魑魅魍魎，到處裝神或弄鬼騙錢
剩下以鼠竊大位的蛇頭，露出才創作不久的鮪魚肚
在吃飽飯的午後，帶著鼠輩僂儸
玩草ㄇㄟˋ ㄚˋ 弄雞公

（二〇〇四年作，〇七年修訂）

即將塌陷的叢林

明明不久前才艷陽高照
藍天白雲
這麼快，叢林中出奇的陰

鼠輩成群，鬼鬼祟祟，鬼頭鬼腦
鐵定幹不出甚麼好事
住陰宅、走陰道、幹陰險，使陰惡
美麗之島已矇上一層層厚厚的陰影
鼠輩用陰毒的心在臭水溝裡
作假、作弊、作亂、栽贓、構陷、設計
盜竊國寶

於是，叢林中
黑市、黑心、黑水、黑錢、黑幕……
到處一片黑漆漆，陰黝黝

曾幾何時的艷陽天，綠油油的青山大地
現在滿街鼠輩、狼群、走狗
到處黑心肝、黑心腸
曾是民主進步
現在得了黑死病，在黑心黑水的
權力慾海中浮浮沈沈
導至塌陷前的叢林仍吹著腥臭黑色的風

白道自身不保，上行下效也進步了
白吃、白喝、白嫖、白拿
反正一切都白幹了
州官任意縱火，眾生民主解放

可以燒殺掠搶姦盜竊騙賴或硬拗……
反正，高層的大頭目幹的也是這一行
看啊！美麗之島回到黑暗時代

現在，天空變黑，大地變黑
黑白交媾糾纏，相互取爽取利
上下交爭狼狽，各取所需逞慾
這一切的黑
都源自綠林中的眾生物種
獸化、腐化、惡化、貪婪化

野獸成群
竊取國寶，綁架眾生，謀奪大位
絕對權力的滋養
一夜間，進化成一群暴龍，吃垮整座叢林
這一座曾經綠油油的美麗叢林

即將失序、解體、塌陷
眾生準備四散逃命
（二〇〇四年冬作品）

南湖大山的綠蠵龜

有一年，在南湖大山，碰到一隻
客居百年
綠蠵龜
登頂後說，我獨立了
我出頭天了
不要藍天白雲
我還是一隻「綠」蠵龜
不要陽光作用
我也可以是綠的
看那副嘴臉

近看像龜婆，遠看像龜公
實際上龜頭龜腦
若不是龍生水
給他一點生命資源
能有一户綠油油的小別墅
實是龜毛兔角
（九十二年間登南湖大山碰到一隻客居「綠蠵龜」有感，刊於「世界論壇報」，
九十四年元月十三日）

不能承擔的苦難

那聲音，自兩千年前傳來
穿透時空，響澈四方
「猶大出賣耶穌」、「猶大出賣耶穌」
……
「猶太人出賣耶穌」、「猶太人出賣耶穌」
……
「猶太人都是出賣耶穌的奸人」
「猶太人都是害死耶穌的兇手」
那聲音，從現在傳到百年、千年……
穿透時空，響澈國際
「李登輝出賣戰友」、「李登輝出賣戰友」

……
「李登輝出賣子弟兵」、「李登輝出賣子弟兵」
……
「李登輝出賣人民」、「李登輝是奸神」
「台灣人是奸神」、「台灣人是騙子」
「台灣人專事出賣別人」

百年、千年，那聲音
……

（二〇〇四年春作品）

（二〇〇八年冬補註）李登輝除搞台獨當漢奸外，也愛出賣子弟兵，出賣人民，最近報導司法辦完扁案，接下來辦李登輝貪污案，都要在春秋大義面前爆光。

駙馬非馬

聽不到雄壯威武的馬蹄飛揚
看不見光明正大的行空雄姿
因為駙馬非馬

只見一顆其大無外如宇宙般包天的膽
還有一張深不可測如黑洞般吞象的嘴
靠山吃海，靠海吞山
包山包海
腐肉和鮮肉通吃
駙馬非馬

是恐龍和禿鷹交配產生的異形
或者像一隻沒頭沒腦沒身體
會走路的兩隻腳
而那控制的身體和頭頭在那裡呢？
還在更高層
（二〇〇六年作，〇七年修訂）

駙馬之禍

沒想到一隻駙馬感染了馬流感，竟快速
禍害群馬
其實牠是壓垮駱駝的最後一隻馬

高層整個結構體早已
貪婪、腐化、惡化，進而妖魔化
生物的善性也已異化、質變
病毒擴展到全身，其心肺、腦部目前處於
瀕死邊緣，惟死而不僵

而此刻，正在最後掙扎和劫奪

大口吃錢吃肉，吞食一切可以吃的
惟消化不良，不斷反胃和嘔吐
且在人民正義力量的壓力下
零零星星又吐了一些出來

一隻駙馬的毒素到處擴散
整體結構即崩潰、瓦解，終至滅亡
更恐懼人民力量和正義之士，導至
整個身體正在抽畜、顫抖
骯髒而含有駙馬病毒的
唾液、嘔吐物，排泄物和割除的腐肉
灑向全民、全世界
整個島嶼將因此種絕症感染而沈淪、沈淪
部份同類仍不願依「安寧緩和醫療條例」
進行安樂死

讓牠去吧！牠不入中陰，直墮惡道
萬般帶不走，只有業相隨
未到奈何橋，冤鬼已來找
沒有駙馬，人間有藍天
（寫於二〇〇六年六月，駙馬之禍時）

第五輯

天命，我來寫春秋

我來寫春秋

公元二〇〇四年三月十九日在中國大歷史舞台上
又上演一小齣篡竊大位的意外編劇
情節安排的太粗濫，還是騙走許多人的眼睛
只是一場島嶼上的騙局，竟割了眾生的喉
眾生退化、異化，成為一座妖魔叢林
被割斷的忠信、道德、仁義，噴血染紅天空

眾生人人自危，最不願看到騙子強盜
用搶用竊，掠奪國柄
紛紛湧到凱達格蘭大道、中正紀念堂
要把竊國、篡位者趕下台

奈何權力在握，抓住了殺人機器
縱使五十萬人、六百萬人
也如群牛
對一座山吼叫
——永無回應
我們只好再到雨花臺，再立一坐「篡字碑」
「綠賊篡國」

我，回到書房寫「春秋」
用我「董狐之筆」春秋記實
揭開不法政權的作票、作弊真相
記錄非法政權的作假、作亂實況
告訴天下人
綠營是一個邪惡政權、非法政權
綠營啓動了人性中的「黑暗機制」

美麗的寶島為何沈淪？
海水倒灌、山洪爆發、移山倒海、土地下沈
眾生在水深火熱中浮浮沈沈
大火焚天，大水淹沒山城
大難連連，人禍啓動天災
這是天譴
人民有甚麼方法可以結束天譴？
有，啓動第三次革命，推翻竊國者
關閉綠營的「黑暗機制」
人間才有機會重回藍天白雲

亂臣、賊子、竊國者怕甚麼？
怕你告他嗎？不，因為叢林綠化變質了
怕你推翻嗎？不，他可以用槍維持叢林
怕你抗議嗎？不，牛群再多，也不能把山吼倒
又怕砰砰嗎？不，用億兆人民的血汗錢

打造銅牆鐵壁的皇宮，獨立在裡面，爽就好！
而眾生，去跳樓、跳海、餓死、淹死……
躲在皇宮內的蛇頭和妖魔們對外放話：
「沒飯吃，為甚麼不吃牛肉？」

亂臣、賊子、竊國者怕甚麼？
小偷強盜怕甚麼？
他們到處殺放火、天不怕，地不怕
但，孔子寫春秋，為甚麼亂臣賊子懼？
為甚麼？
我從中正紀念堂回來寫「春秋」
人民心中，依然有春秋

記註：

一座原本綠油油，漾漾然的美麗之島，一座原本生氣蓬勃的叢林，為甚麼天災、天譴不斷——就在這綠色恐怖的四年？？？這是「天之災」嗎？絕非，是綠色恐怖啓動了人心中的「黑色機制」，因此，天要嚴徵這些腐化、惡化的人心。

叢林正在妖魔化，即將失控、崩解、塌陷，眾生何處逃竄？跳樓、跳海……或啓動「第三次革命」。本書是台灣地區綠色恐怖執政的觀察，記錄和批判，未來中國史不會忘記民進黨精心設計的「三一九槍擊竊案」。

為挽救國家的沈淪，社會人心的全面腐化，此刻支持施明德倒扁支持民主同盟的人民革命，全民推翻不仁不義不法的台獨偽政權。

一支孤獨的筆

一支孤獨的筆
名字叫春秋
崇壽二千五
亙古以來
總孤伶伶地站在一個孤冷的制高點
冷靜鑑裁赤縣大地
臧否每一棋局之各造
天空大地與江海都是我按察範圍
我永恆不老　不受威脅
面對任何困境　無不以挺拔的身子

頂天立地
且在當下眼睛睜的大大
堅持是唯一的路
以春秋正義的統一規格寫春秋

當天下不可為
蒼生的悲苦我知道，但不以物悲
當天下可為亦不以物喜
堅守天職　忠誠記實　公正褒貶
我只是一支孤獨的筆
如老僧入定般沒有情緒
專心一志修煉歷史所給予的神聖使命

我個頭不高，提筆無不從春秋的高度
常引火焚身，但刀劍權力終必在我前面伏首
尤其那些亂臣賊子篡竊者

一見我就怕
我是一支可以穿透歷史時空的筆
在神州大地上追求無盡的永恆正義
完成可以代代傳承的春秋史記
（寫於二〇〇八年冬台北）

這支筆

你帶著前世今世的業力轉世
代代輪迴都投胎成為這支筆
這支筆，纖手細弱，不如一顆拳頭
沒有殺傷力
但很多人怕這支筆

他身形瘦削的站著
眼睛張的大大，耳朵提的高高
天聽自我民聽，天視自我民視
那些篡國竊位的，三一九作弊的
真是罄竹難書啊

別的不怕，就怕這支筆
不怕人民，不怕法律，不怕天譴
就怕這支筆
他啓動筆勁，下筆有神
亂臣賊子懼啊

這支筆，很單薄，不如一綑鈔票
更不如一頂烏紗帽
但都怕這支筆，因為
正義或邪説，君子或妖魔，功或過……
都要由他認證
一支春秋筆
是中國歷史上萬世不朽的憲法
（二〇〇年冬稿，〇七年冬修於台北）

藍綠如詩之美

看啊！台灣四季如春，滿山遍野
藍綠橘黃，紅色也艷麗
旗海飄飄，如醉舞動，糾纏
每個人的神經
有誰知道，一面旗子倒下時
會如一座山崩塌，會壓死多少人
那有甚麼關係？樹葉要落，花要謝
塌落與飄落都如詩之美
苦痛後，化為春泥，滋養大地
所以，有甚麼關係呢？讓旗子舞動吧

生命週期到了，自然要倒下
親吻大地
藍綠橘黃紅交織成彩色山坡
成一座沒有園丁的花園
沒有園丁的花園才顯自然之美
（二〇〇七年二月作。台北）

誰敢發動革命

老同學雲集，高唱校歌，旗正飄飄
隊伍迎著朝陽，繞行中正紀念堂
風雲輕飄，山河不動
而水的演出已不如當年澎湃、洶湧
老大哥們卻仍有一糰糰火，自目光射出
欲焚燒那篡國竊位者

「應該啓動第三次革命推翻不法政權」陳同學說
隊伍三三兩兩緩慢前行，老同學們邊走邊聊
「誰敢啊！那是要命的！」
少將退伍的李同學漫不經心的說

四週的刺網拒馬盡忠職守，閃著兇神
誰敢蠢動就拿誰，誰叫你打破我的飯碗

日頭高照，步伐更慢，像情人散步
偶有恣縱的吶喊，高舉的拳頭
實在太熱了，也不適合革命，有人先閃了
有人輕聲哼著校歌，微風輕飄，山河不動
終點到，領隊宣佈：多謝參與、解散
有人商議去唱歌喝酒或打麻將
我回書房寫「春秋」，這一章的標題
「誰敢發動革命？」

後記：二〇〇六、〇七年間，台獨不法政權在貪污腐敗的陳阿扁操弄下，不斷進行「去蔣化」、「去中國化」。本期（陸官四十四）同學暨國軍各軍事院校先後期老哥、老弟們，曾多次在中正紀念堂遊行，反制不法的篡竊政權，並對老校長　蔣公表達永恆的忠誠和懷念。此種忠誠非個人私人愚忠，而是對中華民族列祖列宗的效忠，及堅定支持中國終必統一的信念。

這首詩完成後不久，爆發陳水扁一家洗錢案，他們一家子人，竟在全球各國開設祕密帳戶，紙上公司等，貪污A走的錢，奸商走後門賄賂的贓款、贓物（吳淑珍愛珠寶也），可能達數十億。到二〇〇八年十月各煤體檢調單位仍在挖、挖、挖，不知這「糞坑」中還有多少沒挖出？實際上，這是篡竊政權的本質和真相，不信請君回頭讀五千年來的中國史，凡篡竊（割據）政權必腐敗，蓋因掌權者亦知其「短命」，暫時割據一方，便能吃盡量吃，能撈盡量撈。

秋夜讀史記

月臨窗來訪，未及啓齒
疏疏落落的眼神
一懷愁緒　濃濃憂傷
夜風無心翻動書頁
我任意讀　發現
太史公春秋之筆仍在疾書著
墨漬未乾，此刻，卻停筆了

太史公起身　臨窗迎月
沈思　一隻筆以春秋的高度
震懾二千年

怎麼廿一世紀開始就要停筆
太史公喃喃自語　沒人理他

讀聖賢書所學何事？
清風一翻　竟是孔子世家
有一種聲音自亙古傳來
囑我　續寫史記
秋風日緊，寒冬日長
而　春天一直不來
春秋之筆如是說

小記：二〇〇二年秋之筆記，〇六年秋成詩稿，〇八年秋再修，於十月四日提「三月詩會」朗讀受評。

詩劍江山

大約一百多年前，一向號令天下的武林盟主
因腐敗、墮落，久不練武，功夫盡失
一夜之間被另一股勢力趕下至尊的寶座
那些呼風喚雨的頭頭們，個個成了階下囚

至尊盟主垮台後，江湖上興起各大門派
各大小山頭林立，佔地為王，個個有來頭
決戰帖如雪片般飛出，英雄好漢都想一展長才
到處架起擂臺，武林中風聲鶴唳
免不了一陣陣腥風血雨，顧不了蒼生疾苦
十八般武藝輪流上陣

南拳與北腿對峙，陽謀與陰謀論道
持續數十年，江湖上依舊糾纏不清
黑白兩道都無道，都只為謀奪盟主大位

三十多年前，我無端捲入這場武林爭端
當年我雖年青氣盛，卻也正氣凜然
決定南行拜師學藝，苦修七年
跟隨一票師兄弟下山，為維護武林正義而戰
縱使戰到最後一兵一卒也不惜
劍在人在，劍亡人亡
並隨時以詩誌之，確保歷史正義得以發揚

縱橫五嶽天山，向長江黃河進出
是我一貫的志向
削平群雄，統一中原武林
是最後的目標

三十多年奔走，物換星移
各大門派轉戰海外孤島
島雖小，也有個島主，安定不久
各大門派為搶奪島主大位又架起了擂臺
最後形南北對峙決戰，漫天戰火
只管輸贏，不管道義，更顧不了眾生苦難
小小的一個小島，經不起動盪
正在一步步下陷、沈淪、下陷沈淪

我有些厭倦，決心退隱深山
修煉另一種武功
以筆為劍、為刀、為槍、為武、為文……
變幻莫測，去來無蹤
或煉製成一首詩、一行字、乃至
一個字
就能傷人、能殺敵，攻略千里外目標

能圍剿任何邪魔歪道，維護中原武林正義
能鏟除一切敗類，毒草以及腐敗墮落的篡竊者

近二十餘年來，中原武林興起一股公平正義的勢力
盟主武功高強，是正義的化身，乃蒼生之福也

現在，我一提筆，用一首詩
能進出歷史時空，密訪三皇五帝
在五嶽天山間高來高去，飛簷走壁
在長江黃河間進進出出，來去自如
煉字寫詩
一筆在手，詩在
人在詩在，人亡詩亦在，此刻的我
明心見性，情牽世界

小記：多年前舊稿，多次修訂，二〇〇八年十月再修訂稿

哥倆絕不獨立

我們向來哥倆好
孤零零的兩個掉在外面，是有些冷
團結靠在一起比較溫暖
我們絕不想各自獨立
更絕不遠走高飛，自立門戶
若真掉了，跑遠了，或獨立了
就鐵定要斷水、斷電、斷糧、斷了陽光空氣
斷了一切生命資源，禍可闖大了
斷了命根子、絕子絕孫，完蛋了
蛋蛋死光了，還有啥好玩的

也許上帝生我倆就是寶一對
就是整體的一部份
與母體合成一個獨立單元
我們有共同的生活空間，共成一個地緣關係
吃同一口飯，喝同一口水
拉屎拉尿也得協調合作
一起幹活

我們倆兒雖小，又總是掉在外面
地位可重要呢
沒有我們哥倆
不論有多高大壯碩的整體
都不易敵擋外患入侵，對身體是很危險的
若不幸把我們哥倆割給人家，直接危害母體
以前有過，老娘老了，老眼昏花
把我們割給對門的鬼子

結果差一點連母體也斷了命根子，一起陣亡

我們哥倆老早知利害關係
從來不想自立門戶，或宣稱獨立
整個身體合成一個完整的個體
我們同樣是偉大的，大樹底下也好乘涼
有我們的存在，大家一起打拼
子孫綿延有希望，富強繁榮可期待

後記：歷史學家戴國輝先生，以「睪丸理論」詮釋兩岸關係，真是神來之筆。戴教授一生以「出生於台灣的客家系中國人」自居，叫人敬佩，二〇〇一年元月九日教授逝世，享年七十，在一個偶然的餐會中，巧遇戴教授的夫人林彩美女士，事後夫人贈我「戴國輝這個人」一書（遠流版），我對教授提出「睪丸理論」感受良深，才有本文之作，寫於二〇〇五年三月，台北萬盛山莊。

守著這片產業

我打從三皇五帝開始，就執著
守著這片產業
一路守著，夏商周秦漢三國
隋唐五代宋元明清，到現在
不怕苦，不怕難，忠於職守
五千年如一日，這是我的中國

我堅持守著這片產業
東起海，包括琉球群島和釣魚台列嶼
西到蔥嶺以西噴赤河
北起薩彥嶺和漠河，南到曾母暗沙

不論高山、平原、沙漠或海洋
每一寸都是黃金地段
即不出賣也不租借

我知道，我若賣了一寸便是敗家子
我若棄守這片產業
便是背叛列祖列宗的不孝子
許多人和我一樣從三皇五帝一直守下來
我們會永遠守著這片產業
這是我們的中國

（又聞「亡國之君」李登輝說釣魚台不是我們的，二〇〇五年夏日一個晚上有感而記）

母親的針線

母親慢工出細活
她花億萬年時間
用一根長長的線把中國大北方
一針針縫起來
又用另一根長長的線把大南方也縫起來

妳還用一根中國心
把四海之內的中國人全部
緊緊的縫在一起
不使一個掉落在外

母親，妳的針線盒裡還有許多線
由北向南，由西向東
永恆不停的縫、縫、縫
流、流、流

(二〇〇四年春日偶感筆記

守著一抹藍天

大地被來勢洶洶的綠色泡沫所淹沒
風聲變綠
訊息變綠
影像變綠
原野山谷大地將淹沒在綠色泡沫中
我仍守著一抹藍天

叢林已經綠化了
滿山遍野，凡是能夠紅的發紫都是綠色泡沫
鼠輩走狗當然是深綠色的
成群牛羊搶著吃綠草

犬豬猢猻也人模人樣的彼上
綠衣
我仍守著一抹藍天

不管天長地久、海枯石爛
我仍守著一抹藍天
自磐古開天以來
舜日堯天周禮樂
孔仁孟義漢文章
天就是藍的
有史以來，天都是藍的

（刊「秋水詩刊」，一二三期九十三年十月。）

藍　天

甚麼是「天」？天有多高？
無人可以界定
天是甚麼顏色？
鐵定天下人都知道
藍天、藍色
這世界，天永遠是藍色的
乃天經地義之鐵律

有時候碰到陰天、雨天
天色顯得灰暗
晚上，當然就天黑了

但不久太陽出來又回復藍天本相
因為有太陽，故有藍天
太陽永恆，藍天也是永久的

天絕不可能是綠色
如果有人說現在天空變綠
鐵定是有人用手遮天或作假騙人的把戲
天永遠是藍色的
藍天白雲，人間有活力
人生才有希望

（二〇〇四年作，〇八年再修）

悲

垃圾、酒瓶、野狗
山村、荒涼、孤兒
羊腸、熱風、寡婦
中午就日落
失意人為何上弔？

註記：九十三年五月間，一個很悶熱的中午，電視新聞播出一個畫面，在一個很荒涼的小村，男主人生意失敗上弔自殺，留下孤兒寡婦。畫面上整個場景，像極了馬致遠的「天淨沙，秋思」，只是欠缺一份悲愴的美感，多一層悲哀，因為這個新聞只播出一次，而那「許純美」的新聞卻幾乎天天在播。真是叫人感慨，故成以上長短句，不成詩。

用刀秘笈

用刀說來容易，其實不簡單
有的陣營亂砍一通，還不如賣豬肉的
有的陣營用刀細膩，真是鬼斧神功
就是奇美啦！
說穿了，學問在人不在刀，也是中國武學之極致
吳起、孫臏講的不過是這一套
你看他使出的刀法，光看那把雪亮的刀
沒有厚度、長度、寬度，也沒有重量或質量
但，就是能削鐵如泥，能隔空殺人
在不知不覺間把你首尾肉骨全部肢解

不流一滴血，不掉半點骨肉碎屑

接著要你看看刀法秘笈，貴在速度與精準
一刀舉起，用本土化就能把一大塊切成兩小塊
橫刀再抹，兩岸再剁成四部份
刀俎魚肉，瞬間可以大卸八塊
一陣刀光劍影，瞬間可以把一大塊剁成一盤碎肉

最後一刀，刀起頭落，飛在遠遠的半空中
劊子手伸出血腥魔掌，接住人頭，公開展示
發表勝利感言說，贏的全拿
被割斷的喉，噴出數十丈長的聲音
聲嘶力竭喊著：作票、作弊、不公、不義……
卻無法改變的結局：切成一小塊、一小塊……

我們把自己切成一小塊、一小塊……

方便對岸
一口、一口吃
任何比武都有意外
是意外，也是一種功德
（二〇〇四年八月作品）

比武講評

藍田種玉，斯斯文文
看他用刀
四平八時，一看便知出自名門
至少也有百年功力
每一招術都有根有據
每一思維都合四維八德
為何被一刀斷喉，血染寶島？

綠林聚眾，來勢洶洶
看他用刀
不三不四，一看便知三教九流

大約十多年功力吧！
每個動作都是違法違憲
每個思維都是邪魔歪道

裁判
比武不公不義，違法亂紀
違反武林正義原則
二〇〇五年重新比武
大家守規矩，綠林也有機會變好漢
（二〇〇四年武林大會比武講評）

你賣甚麼商品？

人生其實只在買賣一筆東西，例如
國父孫中山先生賣三民主義，很多人來買
毛澤東他們賣共產主義，買的人也多
不久前
胡錦濤主席和連宋二位主席向全體中國人
推銷一批上等貨，勝況空前
市場行情看俏

而島內，有人為搶佔市場
強力以各種違反市場原則推銷台獨
明明沒市場，那老蕃癲死硬不信

直到老闆說出「別自欺欺人」的重話
才終於把毒（獨）品回收
本來嘛！除極少數深度吸毒中毒者外
聰明人誰願意跟隨吸毒呢？
更不會把毒品買回家
老蕃癲還是不信邪
他沒東西賣了，只好賣自己的靈肉
多少還有一點點剩餘價值

官倌！你一定會問，小弟我這輩子賣甚麼好貨？
你可問對人啦！告訴你，我的事業可大了
經營理念頗似百貨公司或大賣場
我把前述各家產品的優劣做了深入的比對研發
拿來賣給你，各種貨色，任君挑選
而最佳良品是春秋大義、仁政和統一

現在輪到我問客官你啦！
你這輩子賣的甚麼好貨？
（二〇〇七年作品）

逛菜市場

妳是好媽媽吧？或是好爸爸？
若然，你一定常逛菜市場
現在有各種市場，傳統市場、黃昏市場、
超市你慢慢的逛，買魚、買肉、買蔬菜，有時也買牛肉
賣牛肉的攤位愈來愈多了

你看！老李正在叫賣他的牛肉：
只要吃我的牛肉，一眠大三吋
三天出頭天，十天做神明
用觔斗雲一翻，就能脫離如來神掌而獨立
獅子閃一邊，西方鷹犬來做伴

免驚啦！別人也囝仔死沒料

老連也在叫賣他滷了百年的滷牛肉：
只要吃我的牛肉，就能一統天下
我的意思是說，天下統一我或我統一天下都差不多
大樹底下好乘涼嘛！
何必殺的你死我活呢？大家都是一家人
保證天天有牛肉吃

逛菜市場和逛街，或逛百貨公司都是相同的方法
貨比三家不吃虧
坐下來好好談，也還有討價空間，各取所需
如其不然，你要硬拗
別說牛肉，湯都沒有，連店都開不成了
所以，「市場」的道理說來簡單，卻也不簡單

來、來，官倌，看看這新鮮的牛肉
又有一攤，咱們去瞧瞧吧！
（二〇〇七年作品）

逛夜市

各位看官，我的「公投制憲」
是一種新品牌自發性增高機
不管人家怎麼矮化我們
只要用一次就能高到出頭天

各位看官，我的「萬能族群溶合劑」
用一瓶就能忘了割喉之痛
讓各大小族群溶合起來
團結在我下面

各位看官，我的「四不一沒有」都沒有

其實那是一種隱形軟腳劑
別説解放軍，就是十三億
也要叫他通通「春一支嘴」（台語發音）

各位看倌，把上面三藥調成一帖
可以製成「甜心走狗丹」
普天下的人，只要兩天三餐服用
遲早要來朝貢，讓我摸頭
（乾坤詩刊，第三十一期，二〇〇四秋季號。）

拈花微笑

我從天庭往下望
犬、狼犬、狗仔狉狉
齜牙裂嘴，狼狽相倚
獵捕風聲，捉拿影子，拼命的挖掘、挖掘
最好是私情、姦情、隱情或敵情……
狼多肉少
口中咬著一塊、兩眼蒐尋，兩腳拼命的挖、挖……

我從天庭往下望
獅、獅虎、狡獪猖獗
張開血口大盆，露出一排排有民意支持的牙齒支持度最高的那隻叫「萬獸之王」
有權力吃所有想要吃的，多的是肉，吃不完
但有時得吃的好看些，不能太明目張膽
五鬼搬運或乾坤大挪移

我從天庭往下望
鱷、餓魚、甲器鱗鱗
自從落得在野，張開的嘴巴一直想要吃下整個天空
只是一點點餅乾碎屑那裡夠吃
相機、待機、應機、窺機、創機、造機……
不動如山，脱如狡兔，快似閃電
有著百年生存競爭的功力，一定有機會

過了很久，我又從天庭往下望
正好看見各大「頂層掠食者」正在召開叢林會議
會後發佈一份「共同聲明」：

為追求和平、安全，維護全民福祉
今後將以進化論為最高指導原則
遵守叢林法則的操作機制
我回頭向玉帝報告情況
玉帝啜一口茶，嘆一口氣
拈花微笑

二〇〇四年三月底總統大選後，深有所感。

官與宦

官就是宦，宦就是官
「去人化」後叫宦官
有了權力會退化成一隻雜食異形生物
到那時，吃相難看是正常的

官與宦
組成時空長流的兩大要素
他們在腐化、惡化的爛泥裡滋生壯大
在眾生人海中官宦成災

後記：偶然讀「葡萄園」詩刊（二〇〇三年秋季號），有傅智祥先生的小品

「宦字解讀」，雖不完整（未全詩刊出），也有所感，刊於「葡萄園」詩刊，第一六三期，二〇〇四秋季號。

「暈眩過後」有感

許多人都知道，暈眩不好治
會持續很久，又常找不到原因
醫生總說，形成的過程很複雜

她，幾百年來始終暈眩
嚴重的時候天旋地轉
還會左擺右擺
她是一葉沒有羅盤的小小船
她是一架沒有導航的小飛機
她是一隻沒有緣線的小紙鳶
在雲霧中飛

在茫茫大海中漂泊

這一百多年來，她也想
找羅盤，沒有羅盤
找導航，沒有導航
找方向，沒有方向
想要靠岸，找不到港灣
忽而向左，忽而向右，天旋地轉
她，現在還在暈眩，毫無方向感
東方大海形成一股氣候
東方大地出現燈塔效應
產生一股巨大吸力
吸引所有船隻、飛機、金銀財寶和俊男美女
而她，依然無力決定自己的方向
但也只得隨著波勢向吸引力處漸漸靠攏
她，越來越不暈了

註：秋水詩刊第一二七（九十四年十月），有一首涂靜怡的「暈眩過後」，我讀後另有所感，就像這幾百年的台灣史，不也如此，不過，希望涂靜怡小姐的暈眩快好起來，不要像台灣暈眩這麼久。

這是我們的江山

政治，用意識形態
把人搞的妻離子散
文化，用詩詞歌賦
讓兩岸重新成為一家人

政治建構的銅牆鐵壁
被文化一擊就垮
政治把一彎狹窄的海峽
擴張成無邊難渡的大洋
五十年渡不到彼岸

血緣建構了長橋、巨舟
不出數年，兩岸定接軌
成一家、一國
看今後還有那些敗類能分離
三皇五帝、秦皇漢武……
千年來所建立的一統江山？
這是我們的江山

（葡萄園詩刊一七一期，二〇〇六年秋季號）

小記：二〇〇六年春夏之際，泛藍正在推「直航條例」，綠色類人拼命阻擋，再擋不了多久了，炎黃子孫自古是一家人、一國人。

朝鮮風雨情

朝鮮半島那陣狂風暴雨
早已遠颺
五十年來卻仍有些風風雨雨
夢中也偶有風吹草動
千百遊子戰將依然飄泊
還好，斷斷續續中有
雲淡風輕
讓人民過幾天安靜的日子
如今又有些微風細雨
一圈圈漣漪重織往日被割裂的夢

那是你這輩子最刻骨銘心的一段情
一陣風雨牽動一份情
何嘗不是今生最淒美而壯烈的情話

後記：葡萄園詩刊名譽社長文曉村先生，是韓戰後遺送台灣的「反共義士」，耕耘詩壇半個世紀，是台灣當代重要詩人之一，著作等身，有關文曉村的著作，兩本最為各界愛讀，「文曉村自傳」和「一尊木納的靈魂」。今（九十五）年春，我在師大分部門一家咖啡廳，和一位咖啡姑娘「喝咖啡聊是非」。閒聊間得知姑娘的父親也是韓戰後來台的「反共義士」，叫周學正。我突然有一種奇妙的感覺，文曉村和周學正兩位先生有相同的背景，同樣經歷那段狂風暴雨，還險些埋骨異鄉，如今是否做著相同的夢？

五月間，我用郵購方式，請文曉村先生把「自傳」和「一尊木納的靈魂」兩本書，寄送周學正先生。據朋友咖啡姑娘轉述，老人家深受感動，又憶起五十年前的往事，而兩位先生似曾見過，是朋友的朋友。

原本風雨早已遠颺，我又牽起微風細雨兩支手，共織一個夢，同憶一段情，有感誌之，二〇〇六年六月於台北。

（二〇〇八年十一月六日補述）「政治上沒有永久的敵人」，國共在上個世紀為路線之爭而打幾十年仗，但廿一世紀兩黨唯一的路，是共同促成中國之統一和富強，此唯一之天職。因此，兩黨應內外配合，共同反制台獨，絕對不能使台灣走向獨立。今天海協會長陳雲林訪台的第四天，民進亂黨找來一群暴民倒亂，看樣子沒啥作用。長江黃河浪潮衝到，南部剩下一些頑固的水滴能耐何！

附錄

一、孔子紀年
二、孔子嫡系后裔
三、孔德成辭世相關報導
四、孔子家譜相關報導

孔子紀年

一歲：公元前五五一年（魯襄公二十二年）孔子九月二十八日生於魯國陬邑昌平鄉（今山東曲阜東南）。關於孔子出生年月有兩種記載，相差一年，今從《史記．孔子世家》說。

三歲：公元前五四九年（魯襄公二十四年）其父叔梁紇卒，葬於防山（今曲阜東二十五里處）孔母顏征在攜子移居曲阜闕里，生活艱難。

五歲：公元前五四七年（魯襄公二十六年）孔子弟子秦商生，商字不慈，魯國人。

六歲：公元前五四六年（魯襄公二十七年）弟子曾點生，點字皙，曾參之父。

七歲：公元前五四五年（魯襄公二十八年）弟子顏繇生，繇又名無繇，字季路，顏淵之父。

八歲：公元前五四四年（魯襄公二十九年）弟子冉耕生，字伯牛，魯國人。

十歲：公元前五四二年（魯襄公三十一年）弟子仲由生，字子路，卞人。是年魯襄公死，其子躌繼位，是為昭公。

十二歲：公元前五四〇年（魯昭公二年）弟子漆雕開生，字子若，蔡人。

十五歲：公元前五三七年（魯昭公五年）孔子日見其長，已意識到要努力學習做人與生活之本領，故曰：「吾十有五而志於學」。（《論語．為政》）

十六歲：公元前五三六年（魯昭公六年）鄭鑄刑鼎。弟子閔損生，字子騫，魯國人。

十七歲：公元前五三五年（魯昭公六年）孔母顏征在卒。是年。季氏宴請士一級貴族，孔子去赴，被季氏家臣陽虎拒之門外。

十九歲：公元前五三三年（魯昭九年）孔子娶宋人亓官氏之女為妻。

二〇歲：公元前五三二年（魯昭公十年）亓官氏生子。據傳此時正好趕上魯昭公賜鯉魚於孔子，故給其子起名為鯉，字伯魚。是年孔子開始為委吏，管理倉庫。

二一歲：公元前五三一年（魯昭公十一年）是年孔子改作乘田，管理畜牧。孔子說：「吾少也賤，故多能鄙事。」（《論語·子罕》）此「鄙事」當包括「委吏」、「乘田」。

二七歲：公元前五二五年（魯昭公十七年）郯子朝魯，孔子向郯子詢問郯國古代官制。孔子開辦私人學校，當在此前後。

三〇歲：公元前五二二年（魯昭公二十年）自十五歲有志於學至此時已逾一五年，孔子經過努力在社會上已站住腳，故云「三十而立」（《論語·為政》）是年齊景公與晏嬰來魯國訪問。齊景公會見孔子，與孔子討論秦穆公何以稱霸的問題。弟子顏回、冉雍、冉求、商瞿、梁鱣生。回字淵，雍字仲弓，求字子有，瞿字子木，皆魯國人；鱣字叔魚，齊國人。

三一歲：公元前五二一年（魯昭公二十一年）弟子巫馬施、高柴、密不齊生。施字子期，陳國人；柴字子高，齊國人；不齊字子賤，魯國人。

三二歲：公元前五二〇年（魯昭公二十二年）弟子端木賜生，賜字子貢，衛國人。

三四歲：公元前五一八年（魯昭公二十四年）孟懿子和南宮敬叔學禮於孔子。相傳孔子與南宮敬叔適周問禮於老聃，問樂於萇弘。

三五歲：公元前五一七年（魯昭公二十五年）魯國發生內亂。《史記·孔子世家》云：「昭公率師擊（季）平子，平子與孟孫氏、叔孫氏三家共攻昭公，昭公師敗，奔齊。」孔子在這一年也到了齊國。

三六歲：公元前五一六年（魯昭公二十六年）齊景公問政於孔子，孔子對曰：「君君、臣臣、父父、子子」。孔子得到齊景公的賞識，景公欲以尼溪之田封孔子，被晏子阻止。孔子在齊聞《韶》樂，如醉如癡，三月不知肉味。

三七歲：公元前五一五年（魯昭公二十七）齊大夫欲害孔子，孔子由齊返魯。吳公子季札聘齊，其子死，葬於瀛、博之間。孔子往，觀其葬禮。弟子樊須、原憲生。須字子遲，魯國人；憲字子思，宋國人。

三八歲：公元前五一四年（魯昭公二十八年）晉魏獻子（名舒）執政，舉賢才不論親疏。孔子認為這是義舉，云：「近不失親，遠不失舉，可謂義矣。」

三九歲：公元前五一三年（魯昭公二十九年）是年冬天晉鑄刑鼎，孔子曰「晉其亡呼，失其度矣。」

四〇歲：公元前五一二年（魯昭公三十年）經過幾十年的磨練，對人生各種問題有了比較清楚的認識，故自云「四十而不惑」。弟子澹台滅明生。滅明字子羽，魯國人。

四一歲：公元前五一一年（魯昭公三十一年）弟子陳亢生。亢字子禽，陳國人。

四二歲：公元前五一〇年（魯昭公三十二年）昭公卒，定公立。

四三歲：公元前五〇九年（魯定公元年）弟公西赤生。赤字華，魯國人。

四五歲：公元前五〇七年（魯定公三年）弟子卜商生。商字子夏，衛國人。

四六歲：公元前五〇六年（魯定公四年）弟子言偃生。偃字子游，吳國人。

四七歲：公元前五〇五年（魯定公五年）弟子曾參、顏幸生。參字子輿，魯國人。幸字子柳，魯國人。

四八歲：公元前五〇四年（魯定公六年）季氏家臣陽虎擅權日重。孔子稱之為「陪臣執國命」。（《論語·季氏》）《史記·孔子世家》云：「陪臣執國政。……故孔子不仕，退而修《詩》、《書》、《禮》、《樂》，弟子彌眾，至自遠方，莫不受業焉。」陽虎欲見孔子，孔子不想見陽虎、後二人在路上相遇。陽虎勸孔子出仕，孔子沒有明確表態。此事當在魯定公五年或魯定公六年。

四九歲：公元前五〇三年（魯定公七年）弟子顓孫師生。師字子張，陳國人。

五〇歲：公元前五〇二年（魯定公八年）自謂「五十而知天命」。（《論語·為政》）公山不狃以費叛季氏，使人召孔子，孔子欲往，被子路阻擋。

五一歲：公元前五〇一年（魯定公九年）孔子為中都宰，治理中都一年，卓有政績，四方則之。弟子冉魯、曹玲、伯虔、顏高，叔仲會生。魯字子魯，魯國人；玲字子循，蔡國人；虔字子析，魯國人；高字子驕，魯國人；會字子期。魯國人。

五二歲：公元前五〇〇年（魯定公十年）孔子由中都宰升小司空，後升大司寇攝相事。夏天隨定公與齊侯相會於峽谷。孔子事先對齊國邀魯君會於峽曾有所警惕和准備，故不僅使齊國劫持定公的陰謀未能得逞，而且逼迫齊國答應歸還侵占魯國的鄆、讙、龜陰等土地。

五三歲：公元前四九九年（魯定公十一年）孔子為魯司寇，魯國大治。

五四歲：公元前四九八年（魯定公十二年）孔子為魯司寇。為削弱三桓，采取墮三都的措施。叔孫氏與季孫氏削弱家臣的勢力，支持孔子的這一主張，但此一行動受孟孫氏家臣公斂處父的抵制，孟孫氏暗中支持公斂處父。墮三都的行動半途後廢。弟子公孫龍生。龍字子石，楚國人。

五五歲：公元前四九七年（魯定公十三年）春，齊國送八〇名美女到魯國。季桓子接受了女樂，君臣迷戀歌舞，多日不理朝政。孔子與季氏出現不和。孔子離開魯國到了衛國。十月，孔子受讒言之害，離開衛國前往陳國。路經匡地，被圍困。後經蒲地，遇公叔氏叛衛，孔子與弟子又被圍困。後又返回至衛都。

五六歲：公元前四九六年（魯定公十四年）孔子在衛國被衛靈公夫人南子召見。子路對孔子見南子極有意見批評了孔子。鄭國子產去世孔子聽到消息後，十分難過，稱贊子產是「古之遺愛」。

五七歲：公元前四九五年（魯定公十五年）孔子去衛居魯。夏五月魯公卒，魯哀公立。

五八歲：公元前四九四年（魯哀公元年）孔子居魯，吳國使人聘魯，就「骨節專車」一事問於孔子。

五九歲：公元前四九三年（魯哀公二年）孔子由魯至衛。衛靈公問陳（陳）於孔子，孔子婉言拒絕了衛靈公。孔子在衛國住不下去，去衛西行。經過曹國到宋國。宋司馬桓？（左鬼右隹）討厭孔子，揚言要加害孔子，孔子微服而行。

六〇歲：公元前四九二年（魯哀公三年）孔子自謂「六十而耳順」。孔子過鄭到陳國，在鄭國都城與弟子失散獨自在東門等候弟子來尋找，被人嘲笑，稱之為「累累若喪家之犬」。孔子欣然笑曰：「然哉，然哉！」

六一歲：公元前四九一年（魯哀公四年）孔子離陳往蔡。

六二歲：公元前四九〇年（魯哀公五年）孔子自蔡到葉。葉公問政於孔子，並與孔子討論有關正直的道德問題。在葉返蔡的途中，孔子遇隱者。

六三歲：公元前四八九年（魯哀公六年）孔子與弟子在陳蔡之間被困絕糧，許多弟子因困餓而病，後被楚人相救。由楚返衛，途中又遇隱者。

六四歲：公元前四八八年（魯哀公七年）孔子在衛。主張在衛國為政先要正名。

六五歲：公元前四八七年（魯哀公八年）孔子在衛。是年吳伐魯，戰敗。孔子的弟子有若參戰有功。

六六歲：公元前四八六年（魯哀公九年）孔子在衛。

六七歲：公元前四八五年（魯哀公十年）孔子在衛。孔子夫人亓官氏卒。

六八歲：公元前四八四年（魯哀公十一年）是年齊師伐魯，孔子弟子冉有帥魯師與齊戰，獲勝。季康子問冉有指揮才能從何而來？冉有答曰「學之於孔子」。季康子派人以幣迎孔於歸魯。孔於周游列國一四年，至此結束。季康子欲行「田賦」，孔子反對。孔子對冉有說：「君子之行也，度於禮。施取其厚，事舉其中，斂從其薄。如是則丘亦足矣」。

六九歲：公元前四八三年（魯哀公十二年）孔子仍有心從政，然不被用。孔子繼續從事教育及整理文獻工作。孔子的兒子孔鯉卒。

七〇歲：公元前四八二年（魯哀公十三年）孔子自謂「七十而從心所欲，不逾矩」。顏回卒，孔子十分悲傷。

七一歲：公元前四八一年（魯哀公十四年）是年春，狩獵獲麟。孔子認為這不是好征兆，說：「吾道窮矣」。於是停止修《春秋》。六月齊國陳恒弒齊簡公，孔子見魯哀公及三桓，請求魯國出兵討伐陳桓，沒有得到支持。

七二歲：公元前四八〇年（魯哀公十五年）孔子聞衛國政變，預感到子路有生命危險。子路果然被害。孔子十分難過。

七三歲：公元前四七九年（魯哀公十六年）四月，孔子患病，不愈而卒。葬於魯城北。魯哀公誄之曰：「天不吊，不憖遺一老，俾屏余一人以在位，煢煢余在疚，嗚呼研哉！尼父！無自律」。不少弟子為之守墓三年，子貢為之守墓六年。弟子及魯人從墓而家者上百家，得名孔里。孔子的故居改為廟堂，孔子受到人們的奉祀。

孔子嫡系後裔

第二代，孔鯉，字伯魚。宋徽宗崇寧元年（公元一一〇二年）追封為泗水侯，孔氏後人稱為二世祖。孔鯉經常趨庭接受孔子詩禮的訓導。享年五〇歲，先孔子而死。

第三代，孔伋字子思。宋徽宗崇寧元年（公元一一〇二年）追封為沂水侯，元文宗至聖元年（公元一三三〇年）追封沂國述聖公，孔氏後人稱其為三世祖。他受業於孔子學生曾參，頗得孔子思想的真傳，著作《中庸》，以述父師之意。孔伋成為述聖，前繼續孔子，後通過門人傳給孟子。孔伋享壽八二歲。

第四代，孔白，字子上。博通群書，又善兵法，齊威王召為國相，不就，享年四七歲。

第五代，孔求，字子家。享年四五歲。

第六代，孔箕，字子京。享年四六年。

第七代，孔穿，字子高。博學、清虛、沉靜，有遁世之志。當時楚、魏、趙三國爭相聘請，孔穿不仕。享年五一歲。

第八代，孔謙，字子順。為魏相。享年五七歲。

孔鮒，字子魚，或子甲。博通經史，秦始皇召為魯國文通君。秦始皇焚書坑儒時，將其家傳《論語》、《尚書》、《孝經》、《禮》等書藏於孔子故宅牆壁中，得以保留下來。

第九代，孔騰，字子襄，漢高祖十二年（公元前一九五年）封孔騰為奉祀君，專管祭祀孔子的事務，此為奉祀孔子之始。享年五七歲。

第十代，孔忠，字子貞。有高尚之志，被漢文帝封博士、褒成侯。享年五七歲。

第十一代，孔武，字子威。漢文帝封為博士。早卒。

第十二代，孔延年。博覽群書。漢文帝時以治《尚書》出名，征為博士，轉繼太傅，後又任大將軍。享壽七一歲。

第十三代，孔霸，字次孺。少年時就顯示出非凡才華。漢元帝永光元年（公元前四三年）賜爵關內侯，食封八〇〇戶，號褒成君，並賜黃金二〇〇斤，宅一區，昭帝時征為博士。此為世襲爵位奉祀之始。享壽七二歲。

第十四代，孔福。漢成帝綏和元年（公元前八年）封為關內侯。享壽六二歲。

第十五代，孔房。漢哀帝建平二年（公元前五年）襲封關內侯，賜九三二戶。

第十六代，孔均，字長平。本名莽，因避王莽諱，改名均。好學有才，言辭清辨，奏對成章。漢平帝元始元年（公元一年）封為褒成侯。王莽居攝二年（公元七年）欲拜孔均為太尉，上書辭謝未就職。享壽八一歲。

第十七代，孔志。光武帝建武十四年（公元三八年）復封為褒成侯，食邑二〇〇〇戶。

第十八代，孔損，字君益。漢明帝永平十五年（公元七二年）襲爵，章帝元和二年（公元八五年）至闕里祭祀孔子時，孔損助祭，和帝永元四年（公元九二年）封為褒亭侯，食邑一〇〇〇戶。

第十九代，孔曜，字君曜。漢安帝延光三年（公元一二四年）封為奉聖亭侯，食邑一〇〇〇戶

第二十代，孔完。漢靈帝建寧二年（公元一六九年）襲褒亭侯。孔完早

逝，無子。由其弟孔瓚之子孔羨襲爵。

第二十一代，孔羨，字子余。魏文帝黃初元年（公元二二〇年）拜為奉議郎，二年（公元二二一年）封為宗聖侯，賜食邑百戶。

第二十二代，孔震，字伯起。西晉武帝泰始三年（公元二六七年）封為奉聖亭侯，拜太常卿黃門侍郎。賜食邑二〇〇戶。享壽七五歲。

第二十三代，孔嶷，一作孔亭，字成功。東晉明帝太寧三年（公元三二五年）襲封奉聖亭侯。

第二十四代，孔撫。歷豫章太守，襲封奉聖亭侯。

第二十五代，孔懿，襲奉聖亭侯。享壽六一歲。

第二十六代，孔鮮，字鮮之。好學，有度量。南朝宋文帝元嘉十九年（公元四四二年）襲封聖亭侯。

第二十七代，孔乘，一作孔秉，字敬山，博學多才藝。北魏孝文帝延興三年（公元四七三年）封為崇聖大夫，食邑五〇〇戶，並給一〇戶以供灑掃。

第二十八代，孔靈珍。任秘書郎，襲爵。北魏孝文帝太和十九年（公元四九五年）改封崇聖侯，賜食邑一〇〇戶。

第二十九代，孔文泰，襲崇聖侯。享年五八歲。

第三十代，孔渠，襲崇聖侯。

第三十一代，孔長孫。北齊文宣帝天保元年（公元五五〇年）改封崇聖侯，食邑百户。孔長孫有二子，長子英悊，次子嗣悊。長子早逝，無子。享壽六四歲。

第三十二代，孔嗣悊。隋文帝時應制登科，授涇州司兵參軍，後升遷太子通事。隋煬帝大業四年（公元六〇八年）封為紹聖侯，賜食邑一〇〇户。享壽七〇歲。

第三十三代，孔德倫。唐高祖武德九年（公元六二六年）封為褒聖侯，賜食邑一〇〇户，朝會時位同三品。武則天時賜予璽、書、衣服等。享壽七一歲。

第三十四代，孔崇基。武則天證聖元年（公元六九五年）襲封褒聖侯，中宗神龍元年（公元七〇五年）授朝散大夫，陪祭朝會。享年五六歲。

第三十五代，孔璲之，字藏暉。唐玄宗開元五年（公元七一七年）襲褒聖侯，特授國子四門博士。

第三十六代，孔萱，襲封文宣公，兼任兗州泗水令。

第三十七代，孔齊卿。唐德宗建中三年（公元七八二年）襲封文宣公，兼兗州司馬。

第三十八代，孔惟晊。唐憲宗元和十三年（公元八一八年）襲封文宣公，任兗州參軍，奉孔子祀，復五〇戶以供灑掃。享壽六五歲。

第三十九，孔策。唐武宗會昌二年（公元八四二年）襲封文宣公，歷國子監博士。大中元年（公元八四七年）宰相白敏中奏請歲給戶絹百匹，充春秋奉祀。享年五七歲。

第四十代，孔振，字國文。唐懿宗咸通四年（公元八六三年）襲封文宣公。舉進士甲科，官至監察御史，左補闕水部員外郎。享壽七四歲。

第四十一代，孔昭儉。襲封文宣公，授應文博士。享壽六〇歲。

第四十二代，孔光嗣。字斋郎。唐哀宗天佑二年（公元九〇五年）授泗水令，後因時世動亂，失封爵。後梁乾化三年（公元九一三年）被廟戶孔末所殺。享年四二歲。

第四十三代，孔仁玉，字溫如。後唐明宗長興元年（公元九三〇年）任曲阜縣主簿，三年（公元九三二年）襲文宣公。後晉高祖天福五年（公元九四〇年）兼任曲阜縣令。後周太祖廣順二年（公元九五二年）幸曲阜拜孔廟及墓，召孔仁玉賜五品服。被孔氏後人譽為「中興祖」。享年四五歲。

第四十四代，孔宜，字不疑。宋太祖乾德四年（公元九六六年）任曲阜縣主簿，宋太宗太平興國三年（公元九七八年）累遷太子右善大夫，襲文宣公。享年四六年。

第四十五代，孔延世，字茂先。博學、善吟詠。宋太宗至道三年（公元九九七年）襲封文宣公，兼任曲阜縣令，賜白金束帛及太宗御書印《九經》。享年三八歲。

第四十六代，孔聖佑。宋真宗天禧五年（公元一〇二一年）襲封文宣公，兼曲阜知縣事。卒年三五歲，無子。後孔延世弟孔澤之子，孔宗愿襲封。

孔宗愿，字子庄。宋仁宗景佑二年（公元一〇三五年）襲封文宣公，知曲阜縣事。宋仁宗至和二年（公元一〇五五年），改封孔宗愿為世襲衍聖公，此為封衍聖公之始。

第四十七代，孔若蒙，字公明。宋神宗熙寧元年（公元一〇六八年）襲封衍聖公，兼曲阜縣主簿。宋哲宗元佑元年（公元一〇六八年）將爵號改為「奉聖公」專主祀事。宋哲宗元符元年（公元一〇九八年），廢掉孔若蒙的爵位，由其弟孔若虛襲封奉聖公。孔若虛，字公實。死後，仍由孔若蒙的長子孔端友襲封衍聖公。

第四十八代，孔端友，字子交。宋徽宗崇寧元年（公元一一〇二年）襲封衍聖公。高宗建炎二年（公元一一二八年）孔端友隨高宗南渡，寓居衢州，稱為南宗。孔端友之弟孔端操留守林廟，金命權襲衍聖公，稱為北宗。

南宗孔端友無子，其第孔端操幼子孔玠襲爵，孔玠子孔搢，孔搢子孔文遠，孔文遠子孔萬春，孔萬春子孔洙俱襲南宗衍聖公。至五十三代，孔洙讓爵於北宗，出現了南宗、北宗合一局面。

第四十九代，孔璠，字文老。孔璠系孔端操次子。金太宗天會十二年（公元一一三三年）襲封衍聖公，主祀事，天會十五年（公元一一三七年）丟掉爵位。熙宗天眷三年（公元一一四〇年）金廷准備授孔璠承奉郎，襲封衍聖爵位，未來得及受封便去世。享年三八年。

第五十代，孔拯，字元濟，金熙宗皇統二年（公元一一四二年）襲封衍聖公，加文林郎。大定元年（公元一一六一年）孔拯卒，時年二六歲，無子。其弟孔摠襲封。

孔摠，字元會。金世宗大定三年（公元一一六三年）襲封衍聖公，加文林郎，贈光祿大夫。孔摠在宋金對峙混戰中，依靠孔氏族人力量，修建林廟，贏得族人敬畏。享年五三歲。

第五十一代，孔元措，字夢得。金章宗明昌二年（公元一一九一年）襲封衍聖公，加文林郎。後兼曲阜縣令，授中議大夫，金宣宗貞佑二年赴滬京，金亡，回曲阜，享壽七〇歲。

第五十二代，孔湞，字昭度。元憲宗元年（公元一二五一年）襲封衍聖公。孔湞後被人告稱乃驅口賤民李姓所生，因而被奪爵。

第五十三代，孔治，字世安。元成宗元年（公元一二九五年）封為衍聖公。孔治是孔宗愿三個兒子孔若愚的六世孫。他們中間是：孔若愚——孔端立——孔琥——孔拂——孔元用——孔之全——孔治。孔子後裔的襲爵，由孔湞被剝奪衍聖公爵號後，中斷四三年之久，直到孔治才又襲封衍聖公爵。

第五十四代，孔思誠於大德十一年（公元一三〇七年）襲封衍聖公，因支庶襲封，為族人不服，因而被解除爵位。元仁宗延佑三年（公元一三一六年）改由孔若愚的後代孔思晦襲封。

孔思晦，字明道。資質端重，勤學博識，而且以孝聞名。在修建林廟、重刻族譜等方面使之日益完備。享壽六七歲。

第五十五代，孔克堅，字璟夫，元順帝至元六年（公元一三四〇年）襲封衍聖公，階嘉議大夫。授通奉大夫，官至禮部尚書、國子祭酒，均未赴就。朱元璋詔見時，假托有病未去，後朱元璋親筆諭孔克堅，接詔後兼程進見。洪武元年十二月，欽頒聖旨，孔氏子孫皆免差役，同年賜給孔府兩千大頃田地。

第五十六代，孔希學，字士行。好讀書，善寫建書，文詞爾雅，談笑揮灑，燦然成章。明太祖洪武元年（公元一三六八年）襲封衍聖公。洪武十三年（公元一三八〇年）令衍聖公班列文臣之首。從洪武初年開始，衍聖公不兼地方官，專主孔子祀事。享年四七歲。

第五十七代，孔訥，字言伯。詩書都有較高造詣，為人寬厚。明太祖洪武十七年（公元一三八四年）襲封衍聖公。享年四三歲。

第五十八代，孔公（左欽右監），字昭文。明惠帝建文三年襲封衍聖公。享年二三歲。

第五十九代，孔彥縉，字朝紳。明成祖永樂八年（公元一四一〇年）襲封衍聖公。享年五五歲。

第六十代，孔承慶，字永祚。未能襲爵即逝，後追封衍聖公。享年三一歲。生有二子，孔宏緒、孔宏泰。

第六十一代，孔宏緒，字以敬，號南溪。明代宗景泰六年（公元一四五五年）襲封衍聖公。後因宮室逾制，削奪了爵位，改由其弟孔宏泰襲爵。弘治十一年（公元一四九八年）恢復孔宏緒衍聖公冠服家居。享年五七歲。

孔宏泰，字以和。明憲宗成化五年（公元一四六九年）襲封衍聖公。明弘治十二年（公元一四九九年）六月，孔廟遭火災。孔宏泰正在朝中，孔宏緒率弟子奔救，火後孔宏緒素服廟，蔬食百日。孔宏泰回來後亦哭如居喪。享年五四歲。卒後，其爵位仍由孔宏緒之子孔聞韶襲封。

第六十二代，孔聞韶，字知德，號成庵。明孝宗弘治十六年（公元一五〇三年）襲封衍聖公。次年新廟建，規制依舊。享年六五歲。

第六十三代，孔貞干，字用濟，號可亭。明世宗嘉靖二十五年（公元一五四六年），襲封衍聖公。享年三八歲。

第六十四代，孔尚賢，字象之，號希庵。明世宗嘉靖三十八年（公元一五五九年）襲封衍聖公，贈太子太保。孔尚賢有二子，胤椿、胤桂，都先卒無子嗣，乃以孔尚賢從弟尚坦之子孔胤植襲爵，後來為避清雍正皇帝愛新覺羅胤禛諱，改「胤」字為「衍」字。孔尚賢享壽七九歲。

第六十五代，孔胤植，字對寰，號懋甲。明熹宗天啓元年（公元一六二一年）襲封衍聖公，天啓七年（公元一六二七年）加太子太保，崇禎三年（公元一六三〇年）晉太子太傅．清朝對歷史上所沿襲下來對孔家種種優待，「俱應相沿」，並「期于優渥」。孔胤植凡進京朝見，皇帝都遣迎勞，入朝，班列大學士之上。順治三年（公元一六四六年）在都城太仆寺街賜第一座，計門、廳、樓、房一百多間。這就是北京的衍聖公府。享年五六歲。

第六十六代，孔興燮，字起呂，號輔垣。清順治五年（公元一六四八年）襲封衍聖公，七年晉太子太保。享年三二歲。

第六十七代，孔毓圻，字鍾在，號蘭堂。為人質樸愛好詩文，工於書法，擅於寫擘窠大字，善畫墨蘭。清康熙六年（公元一六六七年）襲封衍聖公，九年授光祿大夫，十五年晉階太子少師。清聖祖玄燁來曲阜廟謁林，孔毓圻除施以必要之禮，並族人為皇帝講經、引駕，還請求擴展孔林、減輕租賦設置百官，玄燁均予以答應。享壽六七歲。

第六十八代，孔傳鐸，字振路，號牗民。好讀書，學識廣博，通禮樂，工詩詞。其著作甚多。雍正元年（公元一七二三年）襲封衍聖公。康熙年間賜孔傳鐸二品冠服，襲爵一年以後，世宗幸學，召孔傳鐸陪祀，六月孔廟遭火災，率族人素服哭三日，清世宗派人祭告，並傳旨慰問，撥款重建。雍正八年（公元一七三〇年）孔廟重建工程完成，九年世宗又命修孔林，十年孔林竣工，復開館輯《闕里盛典》。享壽六三歲。

第六十九代，孔繼桀，字體和，號純斋。未襲爵即病故，後被追封為衍聖公。享年二三歲。

第七十代，孔廣棨，字京立，號石門。清雍正九年（公元一七三一年）襲封衍聖公，授二品冠服。多次受世宗、高宗召見，並給賞賜。能詩文，著有多集詩卷。享年三一歲。

第七十一代，孔昭煥，字顯文，號鐃峰。乾隆九年（公元一七四四年）襲封衍聖公。乾隆十三年（公元一七四八年）正月，弘歷巡幸闕里，祭祀孔子，孔昭煥命其族人、舉人孔繼汾等在詩禮堂給皇帝講經，是日弘歷謁孔林，賜孔昭煥宴、書籍、文綺、貂幣，升孔繼汾中書，族人有官者，皆進秩。乾隆二十一年（公元一七五六年）孔昭煥上疏，弘歷大為大滿，下吏建議奪其爵，弘歷念其年少未奪。乾隆三十六年（公元一七七一年）弘歷到曲阜祀子，還京師後，將內府所藏十多件寶物給孔府，以便在國祭時陳設。享年四〇歲。

第七十二代，孔憲培，字養元，號篤斋。博學多才，王書畫，善畫蘭，得先祖孔毓圻遺法。乾隆四十八年（公元一七八三年）襲封衍聖公。孔憲培原名孔憲允，乾隆皇帝親自為其改名，並將女兒嫁給他，由此，孔府步入盛世。僅在孔憲培生時，乾隆皇帝就曾五次到曲阜，並每年得到貂皮、錦緞、筆、硯、徽墨、貂冠朝服、蟒袍、御制詩、御論、御制墨刻等多種賞賜。享年三八歲。

第七十三代，孔慶鎔，字陶甫，號冶山。清乾隆五十九年（公元一七九四年）襲封衍聖公。孔慶鎔博學多才，擅長寫詩作文、繪畫和書法，是歷代衍聖公中最有才學的著名人物。自幼善辭令，且順從上心，一生多次受皇帝召見并十幾次受到御制墨刻、匾、詩、圖、貂皮、朝冠、衣物等賞賜。享年五五歲。

第七十四代，孔繁灝，字文淵，號伯海。清道光二十一年（公元一八四一年）襲封衍聖公，晉太子太保。享年五七歲。

第七十五代，孔祥珂，號觀堂。清同治二年（公元一八六三年）襲封衍聖公。享年二九歲。

第七十六代，孔令貽，字燕庭。清光緒二年（公元一八七七年）襲封衍聖公。一九一五年袁世凱封孔令貽衍聖公，稱帝後，曾加郡王銜。曾受光緒帝召見，並在慈禧太後六十大壽時，奉母挈妻進京賀壽。慈禧太后特賞他及其母、妻御筆大「壽」字各一張，孔令貽又蒙雙眼花翎之賜。享年四八歲。

第七十七代，孔德成，字達生。一九二〇年襲封衍聖公。一九三五年由南京政府改任為特任官待遇的「大成至聖先師奉祀官」。一九四八年底台灣，現健在。（編者按：二〇〇八年十月二十日病逝於新店慈濟醫院，享壽八九歲）

76令 77德 78維 79垂 80佑 81欽 82紹 83念 84顯 85揚

86建 87道 88敦 89安 90定 91懋 92修 93肇 94彝 95常

96裕 97文 98煥 99景 100瑞 101永 102錫 103世 104緒 105昌

（註：孔子紀年、孔子嫡系後裔，資料來源：田小燕，孔子聖跡圖，北京，中國檔案出版社，二〇〇五年四月。）

孔德成辭世相關報導

孔子77代嫡孫

孔德成辭世 享壽89

孔德成昨天辭世，家屬在助念堂擺設臨時牌位，遺照今掛上。記者趙文彬／攝影

【記者張祐齊、李光儀／台北縣報導】至聖先師孔子第七十七代嫡孫、前考試院長孔德成昨天辭世，享壽八十九歲。

慈濟醫院台北分院胸腔內科主治醫師黃俊耀表示，孔德成是在十月二十日上午因肺炎併發敗血症送台北慈濟醫院救治。院方將孔德成的血液作細菌培養，發現他血液內和痰都有金黃色葡萄球菌，也都呈陽性反應，診斷是他肺炎發作又合併感染敗血症。雖然暫藉藥物及呼吸器穩住生命，但因腦部缺氧嚴重，昨天上午病情惡化，心肺功能衰竭。

在黎明技術學院通識中心任教的孔德成次子孔維寧表示，包括侄子孔垂長等親屬都隨侍在側。家屬都認爲孔德成可以更長壽，因此對噩耗都感意外，一時無法接受。

孔維寧說，家屬生前就已規畫一旦孔德成辭世，將以土葬方式，葬在三峽的墓園，至於何時出殯，有待家族會議決定。靈堂暫設在慈濟醫院台北分院地下二樓助念堂。

曾任考試院簡任秘書的龔鄞說，他印象中孔德成是個「很好的長者，不可多得的長輩」；當時他擔任總務工作，孔德成非常清廉、節省，擔任院長期間，都住在自己買的公寓裡，沒有住官舍。民國八十二年，輿論有逼退孔德成的聲音，當時他二話不說，就主動請辭，第二個任期的考試院長只作了一半，這種風骨，讓人欽佩。

龔鄞表示，孔德成沒有長官的架子，倒像是個風度翩翩的長者、長輩；他的家裡非常儉樸，「看起來比我家還簡單」，遇到同仁，也總是搶先打招呼、行禮鞠躬；孔德成過世，實在讓人感到很惋惜，也很難過。

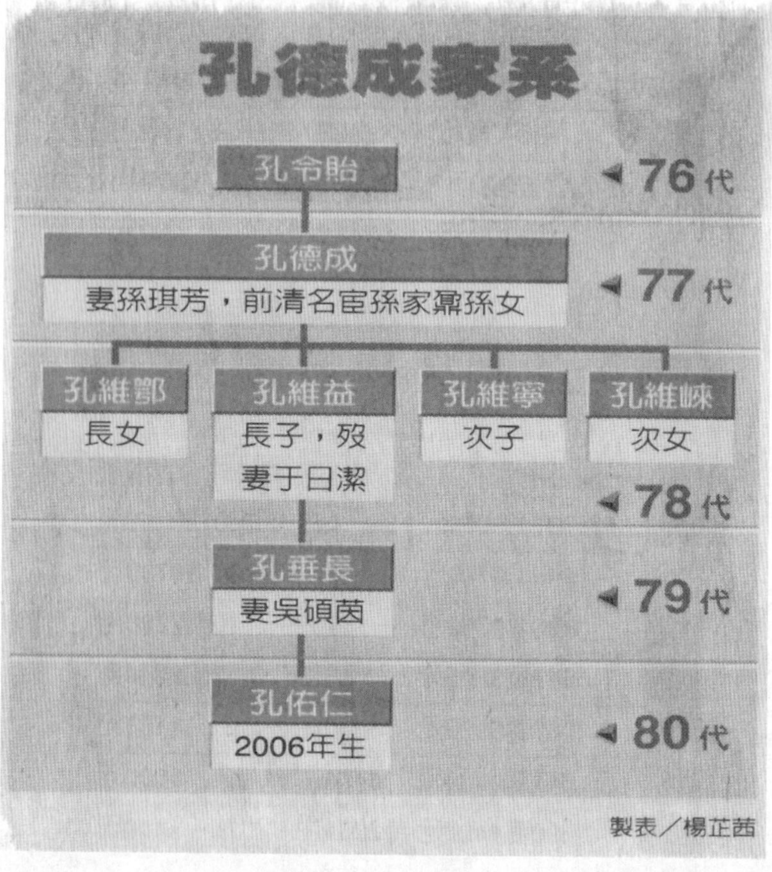
孔德成家系
孔令貽
◄76代
孔德成
妻孫琪芳，前清名宦孫家鼐孫女
◄77代
孔維鄂
長女
孔維益
長子，歿
妻于日潔
孔維寧
次子
孔維崍
次女
◄78代
孔垂長
妻吳碩茵
◄79代
孔佑仁
2006年生
◄80代
製表／楊芷茜

昔批孔 今尊孔

曲阜孔家 盼來弔祭

【記者陳東旭、汪莉絹／台北－曲阜報導】「孔子世家譜」續修工作協會會長、孔子第七十七代孫孔德墉昨天表示，他們獲悉孔德成過世消息，非常惋惜與難過，山東濟寧市與曲阜孔氏家族希望能派員到台灣，弔祭孔德成。

孔德墉說，曲阜多年來一直邀請孔德成能回老家看看，他與孔德成也一直保持聯絡，但近三年來，孔德成身體狀況一直不好，終未能回到曲阜，他們感到遺憾。

「孔子世家譜」已排至一百零五代，各代都遵循著既定的輩分，從輩分就可知道自己的一支繁衍到哪一代。因繁衍時間之長、族系複雜，二〇〇五年還被列爲金氏世界紀錄的「世界最長家譜」。

近年來，中共官方對孔子態度一夕丕變，今是昨非，不僅不再提「批孔運動」，還流行「尊孔」運動，在某些領域，孔子還成爲振興和發揚中華文化的代言人。

一九七一年文革中期，中共發動「批林批孔」，把孔子和儒家思想批判得一文不值。三十年後的今天，大陸官方恢復對孔子的尊敬和推崇，孔子重新列位中華文化重要代表人物。

百年樹人題字

⬆孔德成為曲阜師範學校百年校慶的題字「百年樹人」。

圖／取材自網頁

77代抱80代

➡孔子第八十代嫡長孫九十五年二月在台灣誕生。孔德成欣慰地懷抱著出生不到兩個月的曾孫孔佑仁。

圖／孔家提供

望之儼然 即之也溫

圖／本報資料照片、取材網路　製表／李光儀

孔德成年表

民國 9.2.23
生於曲阜孔府；同年6月6日滿百日時，政府頒令襲封第32代衍聖公

24 年
南京國民政府改衍聖公爵號為「大成至聖先師奉祀官」

25 年
與前清狀元孫家鼐孫女孫琪芳結婚

26 年
由曲阜前往武漢，再遷至重慶

34 年
隨國民政府遷南京，後旅居上海

36 年
回曲阜祭掃孔林及孔廟

37 年
任國大代表（至民國80年）、赴美耶魯大學擔任研究員（次年返國）

38 年
與國民政府一起來台

44 年
在台大中文系任教

73 年
任考試院長（至民國82年）

78 年
長子孔維益過世

89 年
受聘為總統府資政

94 年
台大授予榮譽博士學位

95 年
長曾孫佑仁出生

97.10.20
因肺炎引發敗血症送醫急救，28日病逝於新店慈濟醫院

（註：孔德成辭世相關圖文來源：聯合報 2008 年 10 月 29 日，A5 版）

孔子家譜相關報導

孔子家譜首錄女性

96.2.2 人間福報

【本報綜合報導】「孔子世家譜」已有二千五百年的歷史，名列金氏世界紀錄中「世界最長家譜」。目前進行第五次修訂，並首度收錄女性後裔，少數民族和外籍後裔也被收錄。

據稱，孔子後裔健在者至少三百餘萬人，族譜最後至少會收錄一百八十萬孔氏族人。新譜將在孔子誕生二千五百六十周年（二〇〇九年）完稿付印。

「孔子世家譜」續修工作協會會長、孔子第七十七代孫孔德墉說，協會已在世界各地建立四百五十多個續修機構，至今已收到來自世界各地一百二十多萬份孔子後裔資料，證實孔子後裔繁衍到八十三代，輩份最小的是遼寧省「念」字輩一名十多歲小女孩。

續修家譜的一大特色是「男女平等」，首度把女性納入家譜中。少數民族和外籍後裔這次也被一同准許入譜。

孔子繁衍第八十三代 遼寧女孩最「近代」

96.2.11 人間福報

蔣寒

經過十年編修，「孔子世家譜」目前已完成全部調查工作，全世界將收錄一百八十萬名孔子後裔，台灣部分有三千人，二〇〇九年完稿付印。

「孔子世家譜」續修工作協會會長、孔子第七十七代孫孔德墉說，「孔子世家譜」第五次續修工作在一九九六年啓動，孔子後裔最近一代已繁衍到第八十三代，是一名「念」字輩的遼寧省十多歲小女孩。

孔德墉說，台灣部分，台灣孔氏後裔的調查工作進行很順利，共有三千名孔子後代被收錄；台灣最近的一代是孔子第八十代孫的孔佑仁（今年一歲），孔佑仁也是前考試院長孔德成的曾孫。

孔德墉指出，「孔子世家譜」已有二千五百年歷史，距上次大修已七十年，那次就是由孔德成主持編修，始於一九三〇年，成於一九三七年，當時收錄五十六萬人，稱爲「民國譜」。

根據現有資料估計，目前健在的孔子後裔至少有三百多萬人，大陸最多，有二百五十萬人，其餘分布較多的地區有香港、台灣、南韓、美國、馬來西亞和新加坡等地。

「孔子世家譜」因爲繁衍時間之長、族系複雜、編輯之廣、核查嚴謹與保存完備，二〇〇五年被列爲金氏世界紀錄的「世界最長家譜」。孔德墉表示，「孔子世家譜」目前已排至一百零五代，各代都遵循著既定輩分，從輩分就可知道自己的一支繁衍到哪一代。目前發現重名者以「孔憲明」最多，共有一千一百九十二人。

孔德墉說，「孔子世家譜」在中國歷史上具有重要地位，家族史與正史、地方史志一樣是國家歷史的組成部分，透過「孔子世家譜」能與同時期的文化相輔相成，發現更多的歷史人文價值，也提供研究儒家學說及人口學、社會學、教育學等方面的重要參考資料。

本書作者重要著編譯作品及購買方法

編號	書名	出版者	定價	備註（性質）
1	國家安全與情治機關的弔詭	幼獅	200	軍訓國防通識參考書
2	決戰閏八月：中共武力犯台研究	大人物	250	國防、軍事、戰略
3	防衛大台灣：台海安全與三軍戰略大佈局	大人物	350	國防、軍事、戰略
4	非常傳銷學（與范揚松合著）	大人物	250	直銷教材
5	孫子實戰經驗研究：孫武怎樣親自驗證「十三篇」	黎明	290	孫子兵法研究
6	解開兩岸 10 大弔詭	黎明	280	兩岸關係
7	大陸政策與兩岸關係	黎明	290	（同上）
8	從地獄歸來：愛倫坡（Edgar Allan poe）小說選	慧明	200	翻譯小說
9	尋找一座山：陳福成創作集	慧明	260	現代詩
10	軍事研究概論（與洪松輝等合著）	全華	250	軍訓國防通識參考書
11	國防通識（高中、職一二年級共四冊）學生課本	龍騰	時價	部頒教科書
12	國防通識（高中、職一二年級共四冊）教師用書	龍騰	時價	部頒教科書
13	五十不惑：一個軍校生的半生塵影	時英出版社	300	我的前傳
14	國家安全與戰略關係		300	國安、戰略、研究
15	中國學四部曲　首部曲：中國歷代戰爭新詮		350	戰爭研究
16	二部曲：中國政治思想新詮		400	政治思想研究
17	三部曲：中國四大兵法家新詮（孫子、吳起、孫臏、孔明）		350	兵法研究
18	四部曲：中國近代黨派發展研究新詮		350	政治、黨派研究
19	春秋記實：台灣地區獨派執政的觀察與批判		250	現代詩、政治批判
20	歷史上的三把利刃：部落主義、種族主義、民族主義		250	歷史、人類、學術
21	國家安全論壇（軍訓、國防、通識參考書）		350	國安、民族主義
22	性情世界：陳福成情詩選		300	現代詩、情話
23	新領導與管理實錄（金像獎得獎作品）		時價	閒情、頓悟、啓蒙
24	一個軍校生的台大閒情	文史哲出版社	280	春秋、正義
25	春秋正義		300	春秋、正義、學術
26	頓悟學習		260	人生、頓悟、學習
27	公主與王子的夢幻		300	書簡、小品、啓蒙
28	幻夢花開一江山（傳統詩風格）		200	人生、詩歌、小品
29	奇謀迷情與輪迴：被詛咒的島嶼㈠		220	政治、奇謀、言情小說
30	春秋圖鑑：回頭看中國近百年史（3600 張圖）		時價	3600 張照圖解說
31	我的永恆名片：自我實現的歷程——向您行銷我的生生世世		時價	本書作者、作品簡介，人生啓蒙、自我實現。

註：以上編號 1～29 已全部出版完畢，其他也將在近年出版，敬請期待

購買方法：

方法 1.全國各書店
方法 2.各出版社
方法 3.郵局劃撥帳號：22590266　戶名：鄭聯臺
方法 4.電腦鍵入關鍵字：博客來網路書店→時英出版社
方法 5.時英出版社　電話：（02）2363-7348　（02）2363-4803
地址：台北市新生南路 3 段 88 號 3 樓之 1
方法 6.Http://CFQ.intaichung.com.tw
方法 7.Http://goods.ruten.com.tw/item/show? 11061118078475
方法 8.文史哲出版社：（02）2351-1028　郵政劃撥：16180175
地址：100 台北市羅斯福路 1 段 72 巷 4 號